Mosaik

Dorothea Kalb-Brenek

Mosaik

Ideen ▪ Kunst ▪ Technik

AT Verlag

Inhaltsverzeichnis

All jenen gewidmet, die mit mir
in Liebe verbunden sind.

AT Verlag, Aarau, Schweiz
Lithos: AZ Grafische Betriebe AG, Aarau
Druck und Bindearbeiten: Neue Stalling GmbH, Oldenburg
Printed in Germany

ISBN 3-85502-675-0

Vorwort

Liebe Dorothea

Dein »Mosaikbuch« ist für mich ein Buch wie ein Mosaik.

Seinen Untergrund bildet Deine fünfundzwanzigjährige künstlerische Erfahrung und Deine Liebe zum Mosaik. Entzündet hat sich diese Liebe in Deiner Begegnung mit dem Werk Antonio Gaudís in Barcelona. Im Durchwandern der spielerisch-leichten Mosaikgestaltungen zwischen Palmen und Zypressen hast Du für Dich das Mosaik als Dein ureigenstes Ausdrucksmittel entdecken können.

»We can change the world« ... mit Mosaiken – war darauf Deine Auslegung des Lebensgefühls der Siebzigerjahre, und damit hast Du zu einem Revival dieser Technik in neuerer Zeit beigetragen. Mosaikgestaltungen, an denen immer auch andere mitarbeiten konnten, wurden durch den gemeinsamen schöpferischen Prozess für viele zu einem wichtigen Erlebnis und waren zugleich immer auch ein Fest des Miteinanders und ein Festival für die Sinne. Deine «rocking stones» haben letztlich viele farbige Plätze geschaffen, auf denen sich die Generationen gerne treffen: Kunst zum Bestaunen und Genießen, zum darauf Sitzen oder darauf Reiten, also je nach Temperament zu nutzen und zu erleben.

Die Mosaiksteine Deines Buches sind eine Fülle von Bildern: Abbildungen von den vielfältigen schöpferischen Prozessen in der Einzelarbeit oder von Gruppenerlebnissen, Fotos von Deinen eigenen Werken und denen anderer Mosaikkünstler, Anleitungsreihen und technische Beschreibungen neben Poetischem – einfach viele Bilder, die spontan die Lust auf eigenes Tun erzeugen können. Alle diese Steine und Bruchstücke sind ebenbürtig nebeneinander gestellt, respektvoll Kleines neben Großem. Alles ist wichtig! Kein Vorne und Hinten, eine lexikalische Ordnung nach eigenen Regeln, ein Buch zum Aufschlagen, zum Finden, nicht zum Suchen.

Ausgefugt hast Du die vielen Splitter mit Deinen persönlichen Gedanken, Erfahrungen und Beobachtungen, die sich im Laufe Deines Umganges mit dieser Technik eingestellt haben.

Beim Mosaizieren werden viele verschiedene Teile zu einem größeren Ganzen zusammengefügt. Nichts wird weggeworfen, durch die Wertschätzung feiern die Scherben und Bruchstücke im Mosaik ihre Auferstehung. Die »Kunst der Fuge« – alles fügt sich in der Gewissheit, dass letztendlich alles zusammenkommt.

Vielleicht ist es diese Haltung, die es Dir daran so angetan hat?

Viele liebe Grüße
Deine Ulrike Shepherd

Anschaffen

Glasmosaik und Fliesen, Fliesenkleber und Fugenfüller, Rakel und Spachtel gibt es bei Fliesenhändlern, in Bau- und Hobbymärkten. Es lohnt sich, bei verschiedenen Händlern vorbeizugehen und dort nach Restposten zu fragen.

Am besten ist es, wenn man sich selbst im Lager umsehen kann und so eventuell noch ein paar Ladenhüter oder Muster findet, die wenig oder gar nichts kosten. Neben dem preislichen Vorteil hat dies noch einen weiteren Vorzug: Da ständig neue Farben in Mode kommen, hat man auf diese Weise die Möglichkeit, auch »altmodische« Farben zu finden, mit denen sich das eigene Sortiment vergrößern lässt. Der Nachteil besteht darin, dass man mit Material verschiedener Dicke nach Hause kommt und dieses sortieren muss.

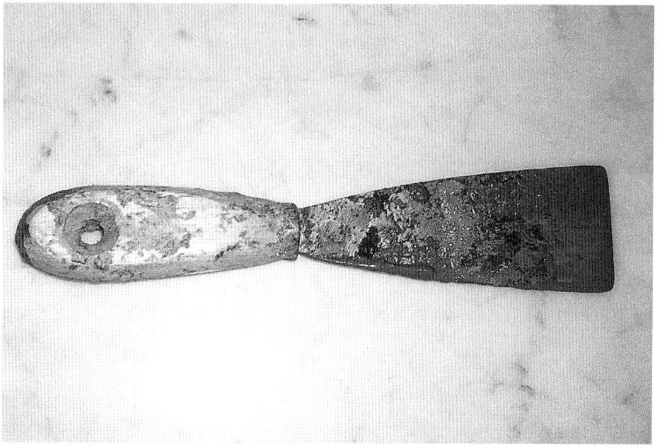

Anrühren

Fliesenkleber, Fugenfüller und Kalkzement sind zementhaltig und werden mit Wasser angerührt. Auf der Verpackung steht, in welchem Verhältnis Wasser und Kleber bzw. Fugenfüller gemischt werden. Je höher die Temperatur ist, desto schneller trocknet das Material.

Vorsicht! Nicht zu viel auf einmal anrühren. Ganz besonders gilt das für Produkte, die als schnell bindend bezeichnet werden.

Ausfugen

Fugenfüller gibt es in verschiedenen Farben. Da das Fugenbild nicht unwichtig ist, sollte man sich gut überlegen oder sogar ausprobieren, inwieweit ein starker Kontrast erwünscht ist.

Für schmale und für breite Fugen gibt es jeweils ein anderes Material. Und nicht nur das, es gibt auch zwei Methoden auszufugen. Bei der einen arbeitet man trocken, bei der anderen nass.

Der angerührte Fugenfüller wird mit einer Rakel – ☞ Werkzeug – auf die Fläche gebracht. Dann macht man in eher großen Schwüngen Bewegungen von links nach rechts, von oben nach unten und füllt so die Masse in die Fugen, bis sie ausgefüllt sind. Sehr schmale Flächen, Hohlräume und schwer zugängliche Stellen lassen sich wunderbar mit einem dafür zweckentfremdeten Teigschaber bearbeiten.

Bei der trockenen Methode nimmt man nun Sägemehl auf einen Lappen und reibt alles großflächig ab. Bei runden Formen lässt man lieber etwas von den Mosaiksteinchen verschwinden, als dass man allzu gründlich die Kanten herauskratzt. Achtung: Das verbrauchte Sägemehl, solange die Fugen noch weich sind, mit einem weichen Besen oder Tuch entfernen!

Bei der feuchten Methode zieht man am besten Handschuhe an. Man nimmt einen nassen Schwamm und reichlich Wasser und wischt auch hier in großen Bewegungen über die Fläche, bis kein Schleier mehr vorhanden ist.

Und noch etwas: Die Fugen werden heller, wenn sie getrocknet sind.

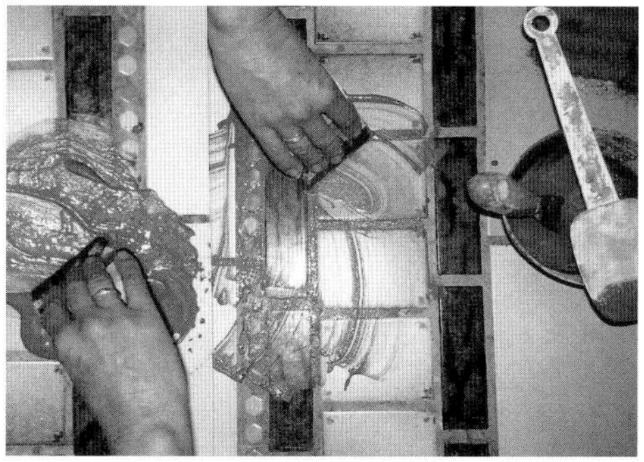

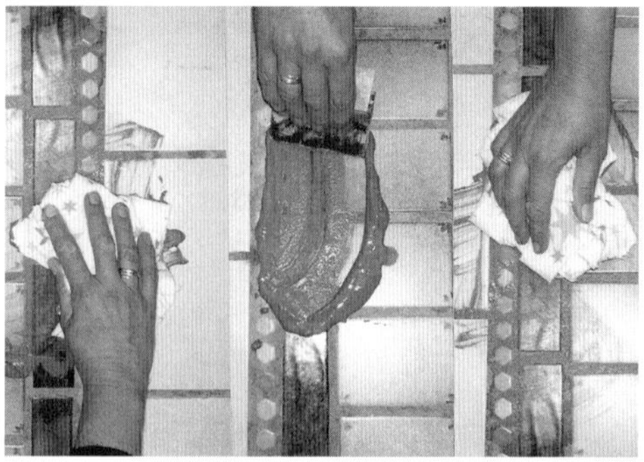

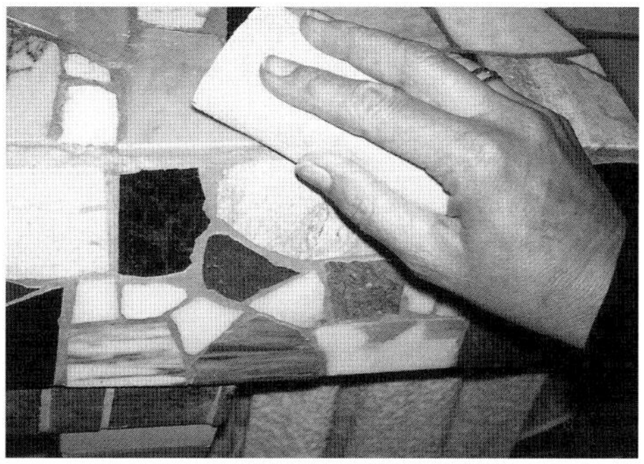

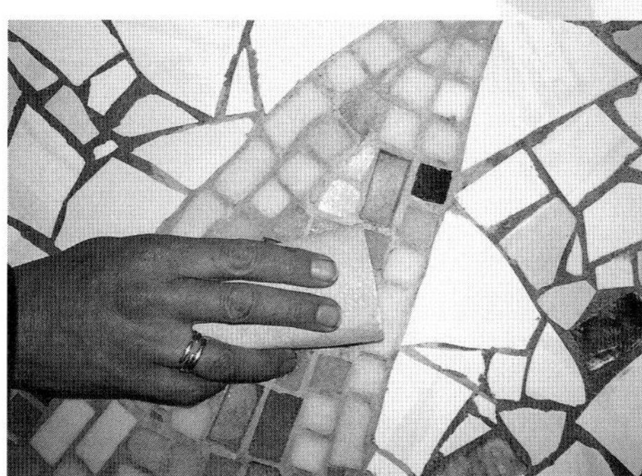

Abschleifen

Falls irgendwo noch scharfe Kanten von Bruchstücken oder spitze Ecken sind, können diese mit Schmirgelpapier abgeschliffen werden. Wenig schleifen hat hier schon große Wirkung, deshalb lieber von Hand als mit der Maschine arbeiten.

Anfeuchten

Zementhaltige Schichten halten besser aufeinander, wenn der Untergrund mit einem Pinsel, einem Schwamm oder mit Wasserspritzern angefeuchtet wird.

Arena in Auerstedt

Mosaike am laufenden Band – 30 Meter Bank.

Während der Sommerzeit, wenn Musikveranstaltungen und Performances aufgeführt werden, sind die Sitzplätze auf der langen Bank sehr begehrt.

Heike Böhring, Dorothea Kalb-Brenek, Marcel Kalberer, Irina Wehmann und Freunde

Aufgeklappte Auster

Spielplatzneugestaltung in Nussloch, Deutschland

Die aufgeklappte Auster ist das Wahrzeichen der Stadt Andernos in Frankreich. Die als Mosaik gestaltete Auster mit Perle steht als Zeichen der Freundschaft in Nussloch, der Partnerstadt von Andernos.

Planung: Bernhard Hoppe   Ausführung: Die Werkstatt gGmbH

Arche

Internationale Gartenbauausstellung IGA-Expo, Stuttgart

Ein Projekt des Baukünstlers Wolfgang Zaumseil, an dem sich tausend Kinder aus dem Raum Stuttgart und dreißig Jugendliche aus aller Welt beteiligt haben. Während einer Bauzeit von fünf Monaten gaben sie ihrer Hoffnung auf eine bessere Welt Ausdruck. Einem Mosaik gleich fügten sie ihre Sorgen, Wünsche, Gedanken und Gefühle zu einem großen gemeinsamen Werk zusammen. Die Arche wurde in der Wilhelma, dem zoologischen Garten von Stuttgart gebaut. Die Tiere des Zoos und viele Tierbücher dienten als Vorlage für die dreihundert Porträts auf Mosaiktafeln.

Bruchstücke

Entweder man findet Bruchstücke, oder man macht sie selber. Dazu braucht man Fliesen, einen harten Untergrund, einen Hammer und eine Schutzbrille. Eine grosse Auswahl an Dreiecken und schmalen, länglichen Stücken bereitet viel Freude beim Legen. Und entgegen aller Wahrscheinlichkeit passen immer wieder Stücke, die ganz »unmöglich« aussehen. Es ist ein besonderes Erlebnis, wenn ein Teil, das man häufig in die Hand nahm und das nie passte, dann doch irgendwann einmal genau das Richtige ist. Bruchstücke kombiniert mit ganzen oder zugeschnittenen Teilen werten sich gegenseitig auf.

Quellschlange Naga in Ins, Schweiz. Im Becken sind glatte Glasmosaike und Flusssteine kombiniert.

Falkenbrunnen in Schwabach, Deutschland. Mosaikfiguren werden an industriell vorgefertigten Becken befestigt.

Goldfischbecken in Zuffenhausen, Deutschland. Elemente bilden den Rand, der Boden ist mit Glasmosaik ausgelegt.
☞ Ferrozement

Eselsbrunnen in Schorndorf, Deutschland. Ein Becken wird von Figuren getragen.

Kaskaden in Ins, Schweiz. Die Becken sind terrassenförmig angeordnet.

Blauer Goldfisch auf Stör

Brunnenfigur aus der Wasserwelt. ☞ Ferrozement

Dorothea Kalb-Brenek

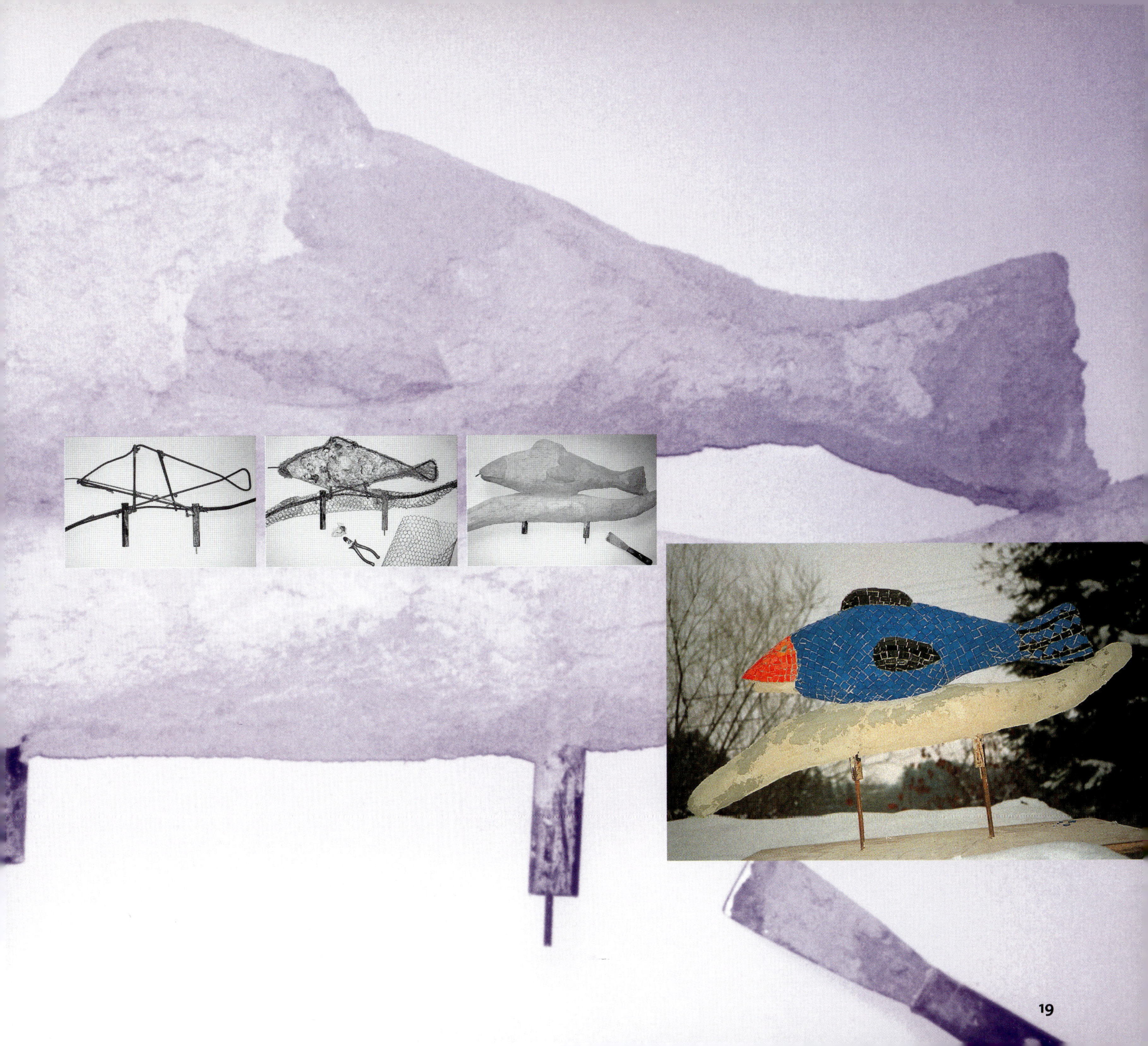

Badezimmer

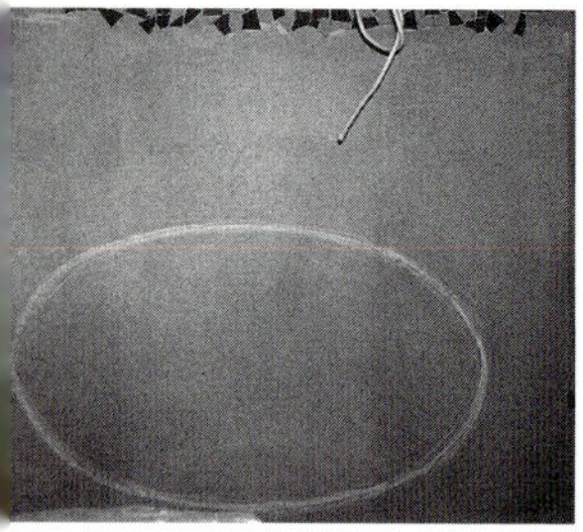

1. Tag

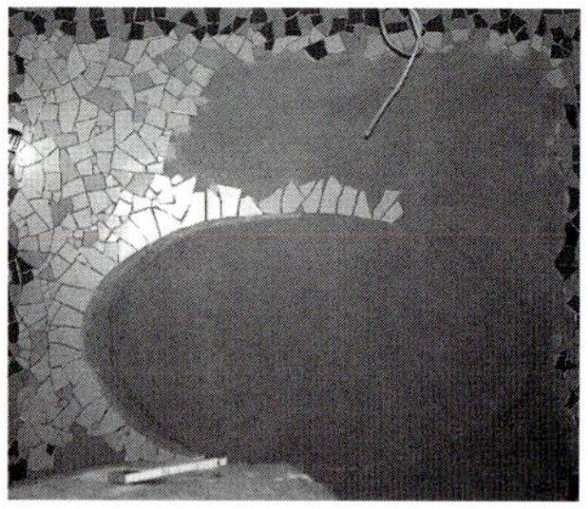

2. Tag

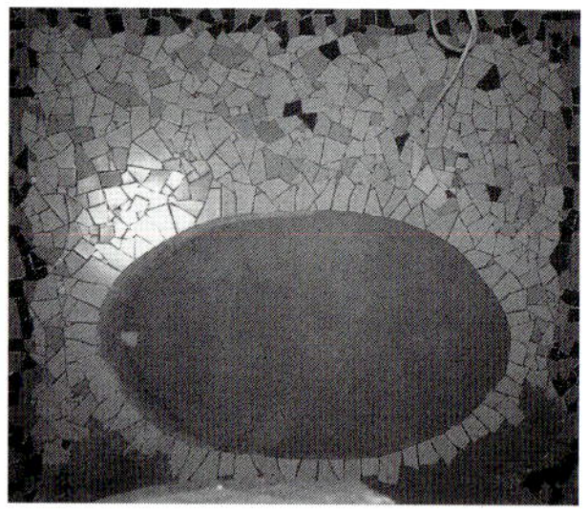

3. Tag

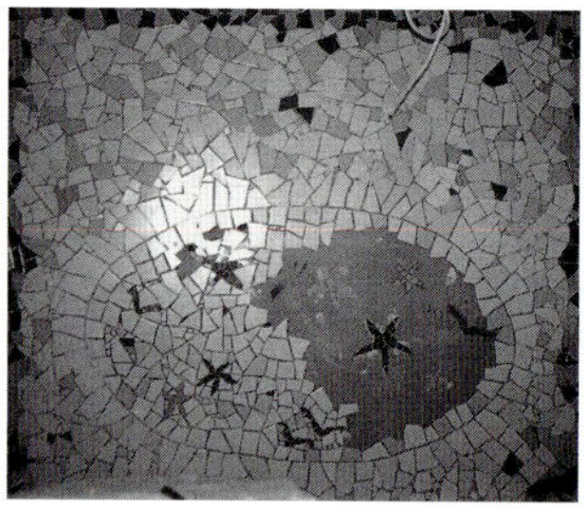

4. Tag

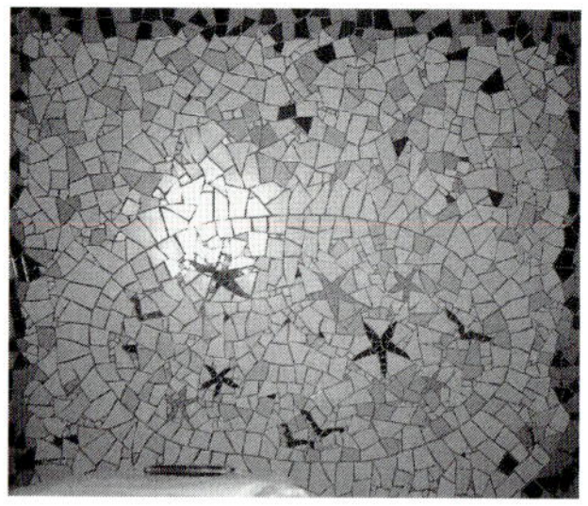

5. Tag

Wandbild mit Wasserwürmern und Seesternen. Heike Deigendesch, Münsingen, Deutschland.

Badewanne mit Haifischflosse. Heggelbach, Deutschland.

Badezimmer. Rose und Gerhard Mayer, Ulm, Deutschland.

Dorothea Kalb-Brenek

Am Stadtrand von Antwerpen steht die Casa Mundo – zur Zeit des Aufbaus ein Treffpunkt für Menschen aller Nationen zum Feiern, Picknicken und Spielen. Eine ☞ Mitmachaktion, bei der etwa dreißig Freiwillige während zwei Wochen tätig waren.

Schon während der zweiten Bauphase wurden gleichzeitig mit den Arbeiten am Rohbau die ersten Mosaike gelegt.

Die fünf Bauphasen.

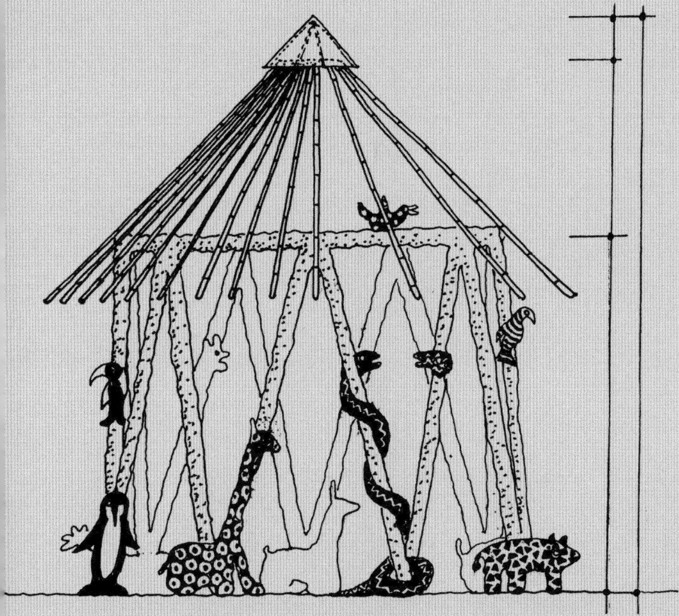

KLEBER
KLEBER
FUGER
FUGER

Dampfbad

Nach alter arabisch-türkischer Tradition lässt es sich in ausgekachelten, mosaizierten Räumen gut sitzen und schwitzen. Die glasierte, glatte Oberfläche nimmt keine Feuchtigkeit auf und lässt sich leicht abwaschen.

Dorothea Kalb-Brenek, Marcel Kalberer, Jürgen Schabolw

Rosière, Frankreich.

Guido Weber,
Trossingen,
Deutschland.

Eselsbrunnen

Am Stadtmauerrest in Schorndorf, Deutschland.
☞ Metallarbeiten

Eine einmalige Geschichte: Der Eselsbrunnen wurde anlässlich eines Bildhauersymposiums der Stadt Schorndorf für einen Sommer aufgestellt. Daraufhin wollte die Bevölkerung den Brunnen behalten. Erico Vogelmann nahm sich der Sache an und startete eine öffentliche Sammelaktion, durch die in kleinen Beträgen das benötigte Geld zusammenkam.

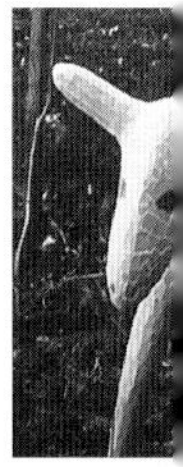

Dorothea Kalb-Brenek

Eine Eule nach Aalen tragen

Befahrbares Mosaik vor der Stadtbibliothek Aalen, Deutschland.

Dorothea Kalb-Brenek, Ulli Freise

Elefant

☞ Schulhofgestaltung, Tor zum Paradies

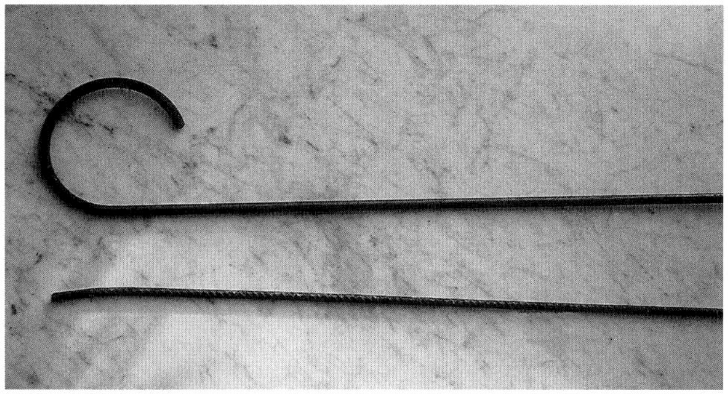

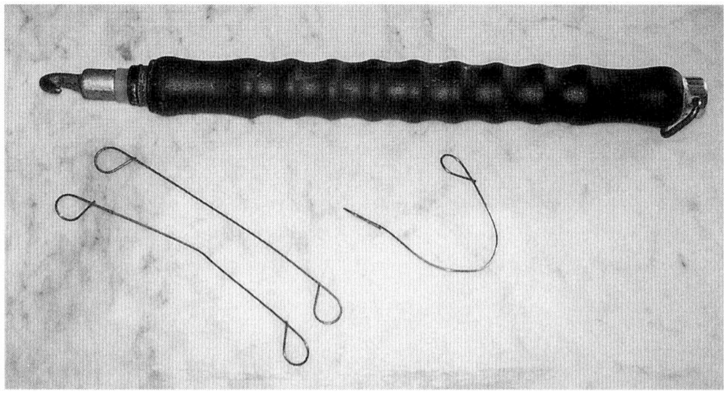

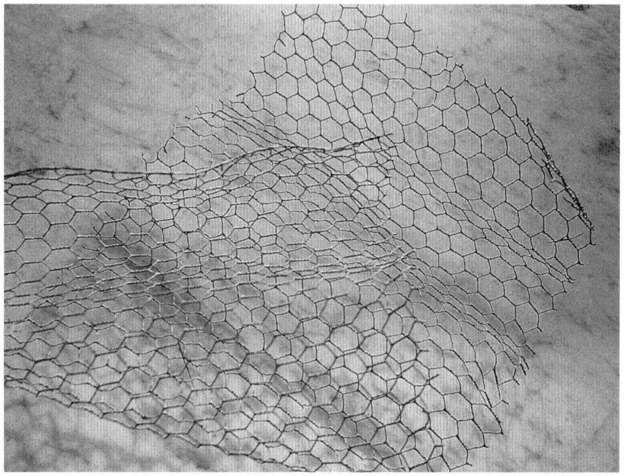

Ferrozement

Das Wort Ferrozement besagt, dass Eisen im Zement enthalten ist.

Will man ein Objekt am einen Ort bauen und an einem anderen Ort aufstellen, ist es ratsam, Gewicht einzusparen und nicht ☞ massiv, sondern leicht zu bauen.

Die Technik:

Man formt mit Geschick und Kraft ein Stück Baustahl nach einer zuvor angefertigten Zeichnung. Die ganze Plastik in ihrer gesamten Höhe und Breite muss durch diesen Baustahl gestützt sein. Um die einzelnen bereits gebogenen Teile zu fixieren, verbindet man sie so untereinander, dass ein stabiles Gerüst entsteht. Die Baustahlstäbe können durch Schweißen verbunden werden, oder man verbindet sie mit Rödeldraht und Rödler.
Doch keine Angst! Es geht auch mit einer einfachen Zange und einem Stückchen Draht. Ist das Gerüst stabil und hat es die gewollte Form, wird verzinktes Maschendrahtgitter, »Hasendraht«, in handliche Stücke geschnitten, kreuz und quer aufgelegt und befestigt. So wird die Haut aus Draht immer dichter. So viel zum »Ferro« im Ferrozement.

Bevor das Gerüst aus Stahl und Draht in ☞ Kalkzement eingearbeitet wird, kann man kleine und schmale Hohlräume wie Ohren, Beine und Schwänze mit zerknülltem Papier, mit Styroporschnipseln, Korken oder anderen leichten Materialien füllen. Große Hohlräume bleiben frei. Hier ist es wichtig, dass der Draht von innen und von außen erreichbar ist. Wenn nicht, wird er mit einer Zange wieder aufgezwickt und hochgebogen, so dass ein Loch entsteht, durch das die Hand hindurchgelangen kann. Probieren Sie aus, ob alle Innenflächen erreichbar sind.

Nun Kalkzement in eher kleinen Mengen ☞ anrühren und mit reißfesten Gummihandschuhen von innen und außen auf das Metallgerüst auftragen. Die eine Hand verstreicht das Material, die andere hält dagegen. Die ersten Schichten können noch dünn und löchrig sein. Wird zu viel Material auf einmal aufgetragen, fällt es wieder ab. Also lieber weniger nehmen und dann antrocknen lassen. Sollte eine Schicht ganz durchgetrocknet sein, muss sie wieder angefeuchtet werden. Zuletzt ist das Metallgerüst von beiden Seiten in Kalkzement eingebettet. Drei Zentimeter Dicke sind das Minimum. Weitere plastische Verfeinerungen werden am besten mit einer Spachtel vorgenommen. Es kann immer mehr aufgetragen und hinzugefügt, nicht aber weggenommen werden.
Warnung: Das zierliche Stahl-Draht-Gerüst kann täuschen. Durch die Kalkzement- und Mosaikschicht wirkt das Objekt schließlich viel größer und massiver!

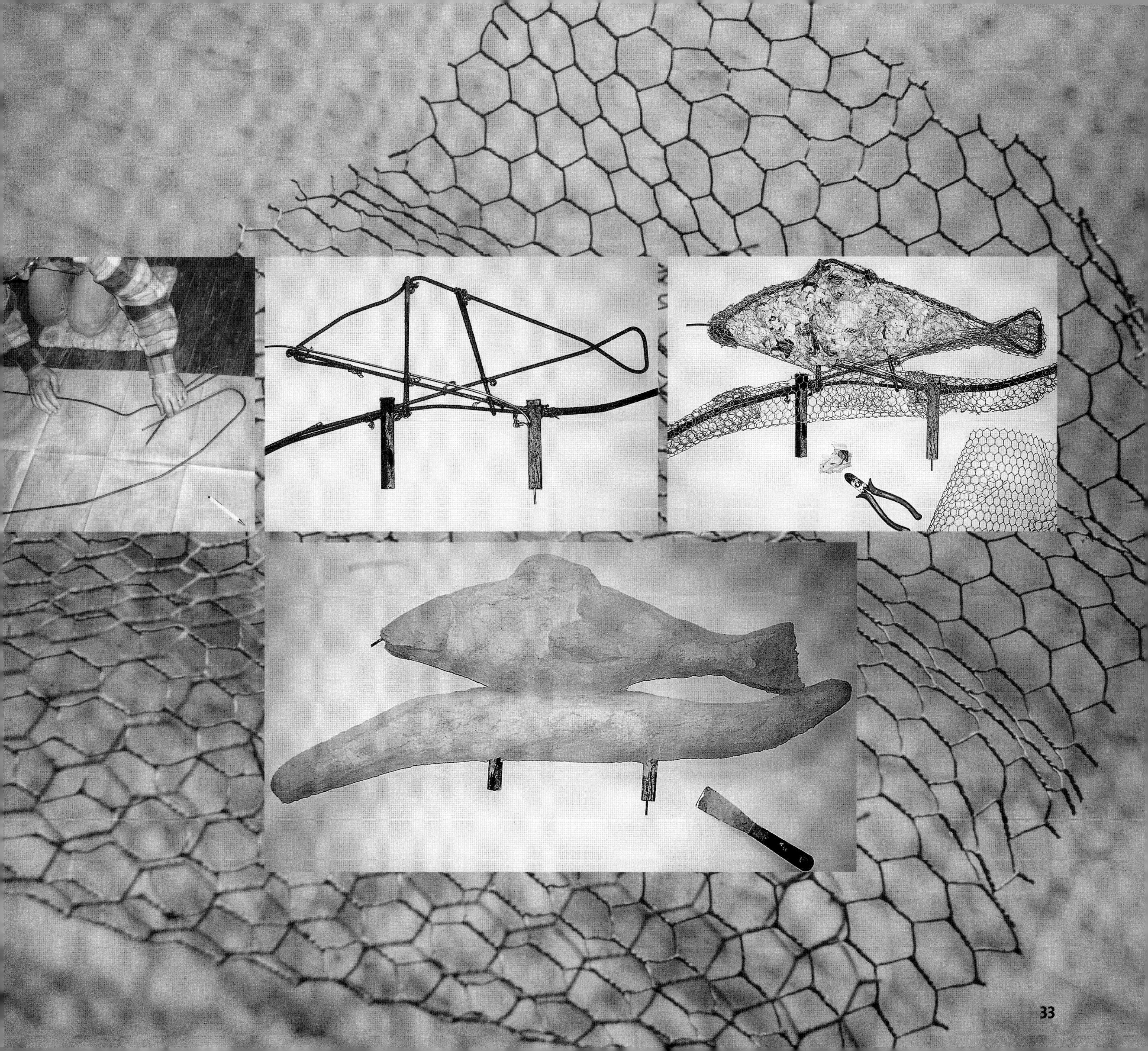

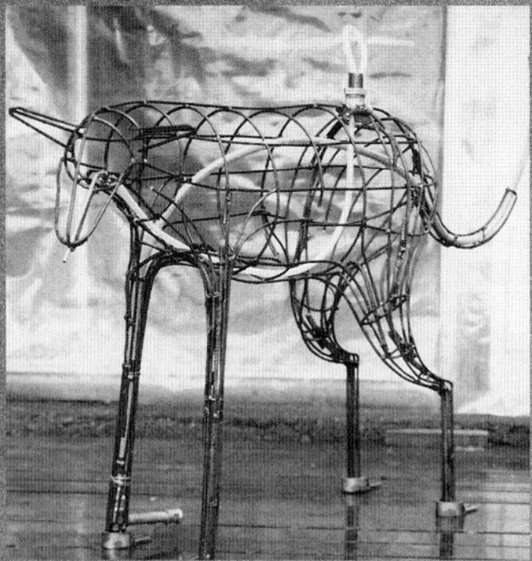

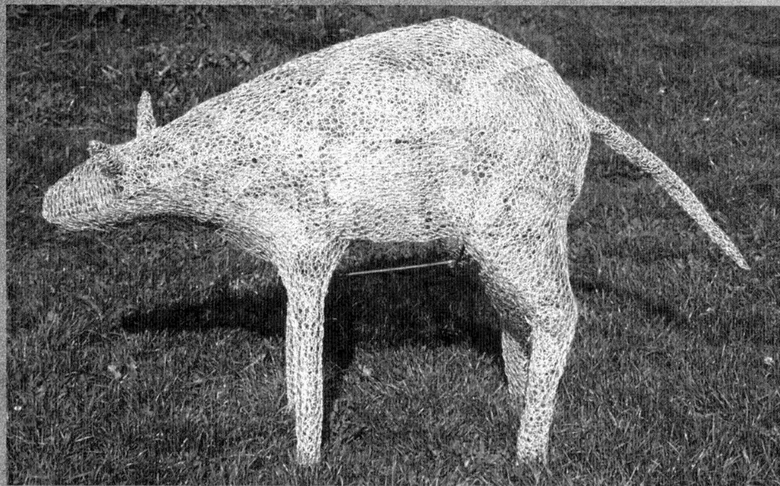

Frostfest

Bei Mosaiken, die draußen überwintern sollen, ist es unbedingt erforderlich, frostfestes Material zu verwenden. Glas und Naturstein sind frostfest, ebenso fertig gekauftes Material in entsprechend gekennzeichneten Packungen. Doch wie erkennt man frostfeste Materialien in einem Haufen von Bruchstücken oder Restbeständen?
Prüfen Sie die Rückseite der Plättchen.

- Optisch:
  Gut ist steingutartiges oder tief dunkelrotes bis braunes Aussehen.
- Akustisch:
  Gut ist, wenn das Plättchen hoch und hell klingt.
- Versuch mit Wasser:
  Gut ist, wenn das Plättchen einen Wassertropfen nicht »gierig« aufsaugt.

Die Verbindung dieser drei Tests hat sich zur Prüfung der Frostbeständigkeit am besten bewährt. Sollte doch einmal das falsche Material verwendet worden sein, springt bei Schnee und Eis die Oberfläche ab.

Fugenbild

Wie ein Netz überziehen die Fugen die Mosaikarbeit. Dieses Fugengefüge vermittelt den Eindruck von Zusammenhalt, der nicht unwichtig ist. Feine Mosaikarbeiten aus dünnem Material sollen feine, größere Mosaikarbeiten größere Fugen haben. Ein guter Eindruck entsteht, wenn die Fugenbreite etwa der Dicke der Mosaikstücke entspricht.

Form und Farbe

Wenn wir daran gehen, eigene Schöpfungen zu verwirklichen, tauchen wir in ein unermessliches Meer aller möglichen Formen und Farben ein. Aus dem ganzen Sortiment schöpfen oder fischen wir schon vorhandene Elemente heraus, um sie neu anzuordnen, neu zu kombinieren. In diesem Sinne wird nichts wirklich von Grund auf neu geschaffen. Und doch zeigt sich das Individuelle und Neue in der jeweils wieder anderen eigenen Konzeption. Weil so viele Möglichkeiten offen sind, ist es umso wichtiger, eine gewisse Strenge walten zu lassen, um so zu einer »klaren Linie«, einer Formensprache zu kommen.

Besonders bei ☞ Mitmachaktionen mit mehreren Beteiligten ist es von großer Bedeutung, dass eine künstlerische Konzeption, eine Vorgabe als Leitfaden und Spielregel da ist, die für alle gilt.

97

Güellito

Von Antonio Gaudí inspiriert und nach seinem Park Güell in Barcelona benannt, findet man diese romantische Gestaltung im Park in Stuttgart-Rot, Deutschland.

Geschwungene Wegränder aus kleinteiligem Mosaik, eine begrünte Sitzlaube, ein Rosenbogen als Eingang. Sitzplätze und Marmormosaike in Blattform. Pflanzen, Strukturen, Wegeinfassungen und Mosaikgestaltungen durchdringen und bereichern einander gegenseitig. Die Sinne werden beim Aufenthalt im Park auf vielerlei Weise angeregt.

Projekt und Realisation: Sanfte Strukturen, Dorothea Kalb-Brenek, Marcel Kalberer, Wolfgang Zaumseil
Metallarbeiten: Norbert Madlener, Michael Kussl
Naturstein: Claudia Bormann, Roland Gräter
Mitarbeit: Barbara und Ulli Freise, Marion und Hainer Braun, Uli Shepheard, Zäsar Braun, Helena Papadakis, Maxi Creutzfeld und Freunde

Grundfarbe

Wenn bei ☞Mitmachaktionen eine Grundfarbe, wie hier der weiße Hintergrund, gegeben ist, hat man schon eine gute Basis für die Zusammenarbeit: Einige füllen gerne Flächen aus, andere verbinden schon vorhandene Flächen, wieder andere legen etwas ganz Eigenes wie eine Figur, ein Zeichen oder eine Inschrift.

Glasmosaik

Nachdem die Glashütten in Venedig immer wieder große Brände verursacht hatten, wurden sie in das nahe gelegene Murano verbannt. Noch heute findet man dort die schönste und größte Auswahl an Glasmosaiken, Smaltis und Glaskuchen.

Glaskuchen entstehen, wenn eine bestimmte Menge flüssiges, eingefärbtes Glas ausgegossen wird. Besonders interessant sehen sie aus, wenn sie Bläschen oder Schlieren enthalten. Glaskuchen gibt es in unterschiedlicher Dicke. Wenn sie in Quadrate oder Rechtecke zerschnitten werden, nennt man sie Smalti. In den Fünfzigerjahren, als Glasmosaike »trendy« waren, gab es auch außerhalb von Italien noch vielerorts Glashütten. Das Material aus dieser Zeit wurde in Handarbeit hergestellt und unterscheidet sich von dem, das man heute bekommt. Gut sortierte Händler verkaufen oder bestellen die gängigen Produkte.

Gedanken

Eine gewisse Konzentration und die beschauliche Tätigkeit mit den Händen lassen oft Gedanken besonderer Art aufkommen. Das Hinzufügen von einem Mosaikstück zum anderen ist wie ein Sinnbild für das, was man schon kennt und was man noch kennen lernen wird. Die Gedanken, die sich bei dieser Tätigkeit bilden, können eine große Tiefe erreichen und entsprechend eindrücklich sein. Oft ist man noch vor dem Einschlafen mit dem Bild des Zusammenfügens beschäftigt oder träumt gar davon.

Gletscherwächter

Seepark Linzgau, Deutschland.

Die Gletscherwächter Glacis und Diluvis sitzen auf der ersten Glazialterrasse am Nordufer des Sees im Seepark Linzgau, wo einst die Gletscher die Landschaft formten. Glacis aus weißem und Diluvis aus schwarzem Glasmosaik beziehen sich auf das Eis der Gletscher und auf das erdgeschichtliche Zeitalter Diluvium.

Giraffe

☞ Schulhofgestaltung

Haftgrund

Gipshaltige, bemalte und stark Feuchtigkeit ziehende Untergründe müssen mit Haftgrund bestrichen werden, damit der Fliesenkleber hält. Es gibt verschiedene Produkte mit unterschiedlichen Namen. Am besten fragt man im Fachgeschäft danach.

Haltbarkeit

Gut verarbeitete Mosaike können ihren Schöpfer überleben. Selbst Arbeiten im öffentlichen Bereich, die stark beansprucht werden, überstehen gut ihre übliche Garantiezeit. Erfreulich ist, dass mit Mosaiken gestaltete Flächen und Objekte nicht so sehr der Zerstörungswut ausgesetzt sind. Vielleicht weil sie eher fein und zerbrechlich wirken und so nicht zum »Zweikampf« auffordern. Eine Fassade, die zuvor immer wieder mit Malereien verunstaltet worden war, blieb unberührt, nachdem sie ein »Kleid« mit einem Großmosaik aus ☞ Naturstein erhalten hatte.

Innenräume

Wie gut, hier kann man fast ohne Einschränkung alle möglichen Fliesen verwenden. ☞ Kleben auf Holz

Känguruhbrunnen

Ein Känguruh mit drei Bauchtaschen und einer Vogeltränke in einem Privatgarten am Bodensee. Familie Kleffner, Überlingen.

Ka

Die Urschlange Ka vor der Käserei in Heggelbach, Deutschland.

Dorothea Kalb-Brenek

Kunststoff

Manche Fliesenkleber und Fugenfüller sind kunststoffhaltig. Diese eignen sich für Mosaike, die großen Temperaturunterschieden ausgesetzt sind. Sie werden als »flexible« Produkte bezeichnet.

Kontemplation

Anschauen, betrachten, immer wieder vorbeiziehen lassen, durchdringen, anordnen, eintauchen, darüber schweben, fließende Vorgänge verdichten.

Konzentration

ist ungeteilte Aufmerksamkeit.

Kanten

Bei Bruchstückmosaiken werden die Steinchen in Längsrichtung gelegt. Für Kanten verwendet man möglichst die Außenränder der ehemaligen Fliese, weil hier die Glasur über die Kante geht. Grundsätzlich ist es besser, vom Rand her in die Fläche hinein zu arbeiten. Kanten und Ränder bedürfen besonderer Aufmerksamkeit, sind sie doch der Übergang vom einen zum anderen.

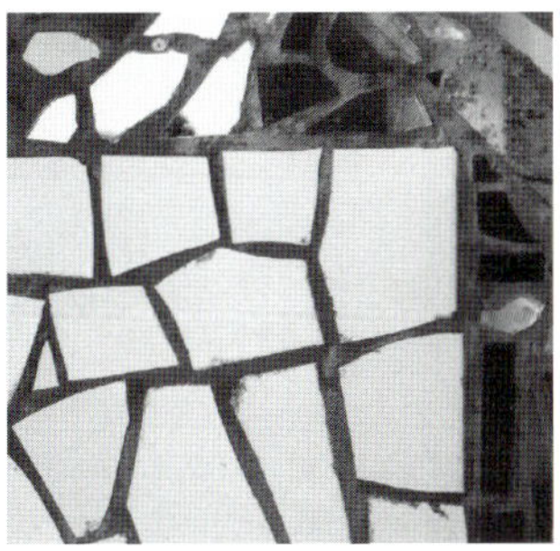

Kalkzement

Um Zementmörtel geschmeidiger und haftender zu machen, fügt man Kalk hinzu. Kalkzement eignet sich gut für plastische Arbeiten.

Kleben auf Holz

Keramik und Glas werden auf Holz nicht mit Fliesenkleber, sondern mit den handelsüblichen dafür geeigneten Klebstoffen aufgebracht. Ausgefugt wird mit zementhaltigem Fugenfüller ☞ Ausfugen.
Auf Holz geklebte Keramik ist nur für Innenräume geeignet.

Lulu und Roland Gräter

Ulrike Klausmann

Lehm

Sitzbank eines Lehmofens in der Umweltstation von Marzahn, Deutschland.

Hier wurde auf einen festen, getrockneten Vorputz gearbeitet, der durch Jute gefestigt worden war. Darauf wurde etwa 1,5 cm dick eine Mischung feinstgesiebter Lehm mit einem Anteil Quarzsand aufgebracht. Immer nur gerade so viel, wie im noch feuchten Zustand mit Mosaiken auszulegen war. Die Fuge wurde anschließend mit dem gleichen Material aufgefüllt.

Gemeinsam mit Kindern wurden im Laufe von sechs Wochen Scherben zerkleinert und passende Größen zugeschnitten, nach Farben sortiert, das Mosaik gelegt und verfugt. Die Sitzbank des Ofens ist heute ein wunderbarer Mittelpunkt, robust in seiner Oberfläche und gleichzeitig von schwebender Schönheit – als wäre eine warme Decke voll leuchtender Farben darauf gelegt.

Rainer Warzecha

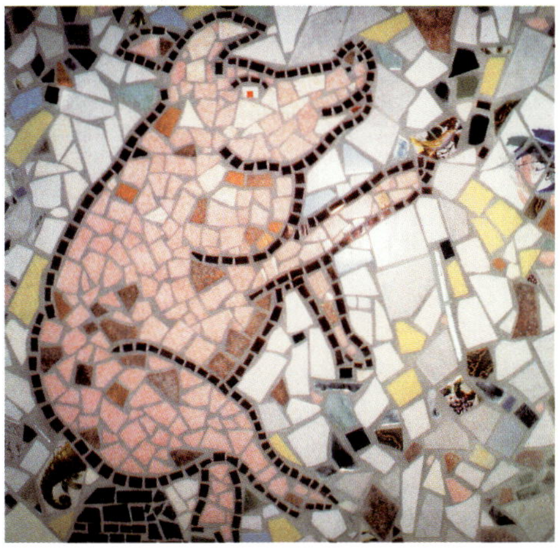

Alpha 2, ein »mosaikaler« Erlebnisraum, Berlin.
In einem Nassraum auf dem Kinderbauernhof Pinke-Panke in Berlin tummeln sich ein Schwein, ein Schaf und Vögel auf der Mosaikwiese ... Die Mosaike wurden auf trockenen Lehmputz geklebt, der mit Tiefgrund behandelt wurde.

Legen

Mosaike, Natursteine und Fliesen werden gelegt. Damit sie recht lange liegen bleiben, bekommen sie ein schönes Bett aus Mörtel und Kleber.

Wichtig: Mosaike können nur dann in Lehm gelegt werden, wenn sie auf Dauer nicht nass werden!

Lasur

Nach dem letzten Schliff – ☞ Abschleifen – kann noch der allerletzte »Schliff« erfolgen. Eine Steinlasur, die über Mosaiksteine, Stückchen und Fugen gestrichen wird, gibt der Arbeit einen dezenten Glanz und das vollendete Aussehen.

Projekt und Realisation: Rainer Warzecha

Metallarbeiten

Flügel aus Messing, Flügel aus Edelstahl, Hufe, Schnabel, Krallen, Gebiss, Ohren, Körper.

Michael Kussl, Vorstadt, Deutschland

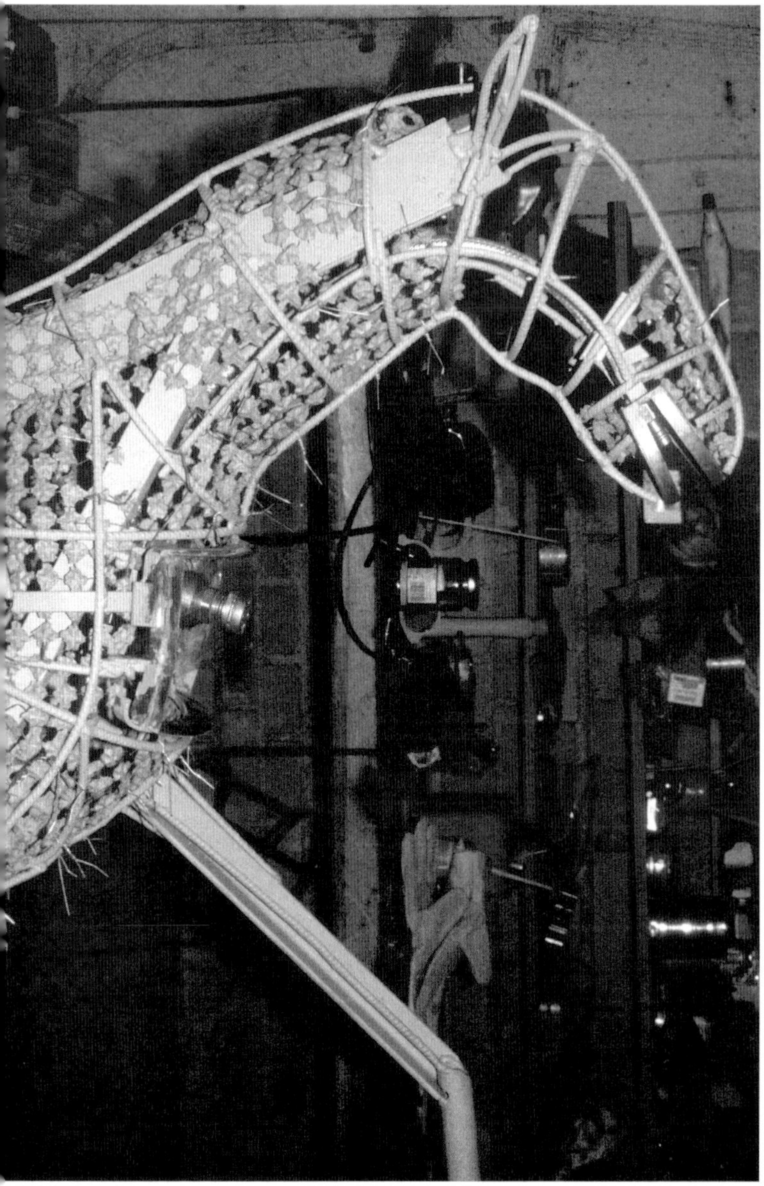

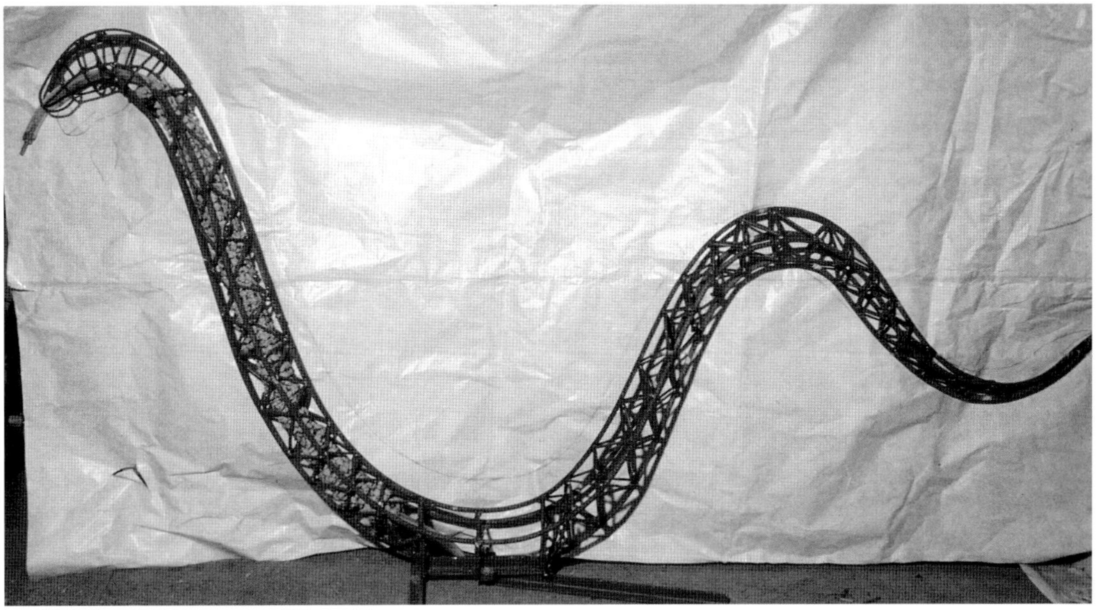

Das Metallskelett

Das ausbetonierte Becken,
mit keramischen Platten ausgelegt.

BG-Becken, Stuttgart Vaihingen, Deutschland

Das Innenleben von Mosaikfiguren aus ☞Ferrozement.

Massiver Aufbau

Man nimmt Steine aller Art und verbindet sie mit Zementmörtel. Erst macht man eine grobe, ungefähre Form, die man dann trocknen lässt; inzwischen wird die endgültige Form in der Vorstellung immer genauer. Anschließend wird nicht mehr mit Steinen gearbeitet, sondern nur noch mit Mörtel Schicht um Schicht, bis das Objekt fertig ist. ☞ Spirillo

Geheimnisvoller Eingang zu einer Märchengrotte
Evangelischer Kindergarten in Mietersheim-Lahr, Deutschland

Drachenmaul, Bestandteil einer Neugestaltung des Außengeländes, Spielplatz in Waldkirch, Deutschland

Diese Arbeit entstand unter der Mitwirkung der Nachbarschaft und von Jugendlichen aus dem Stadtteil.

Bagage Pädagogische Ideenwerkstatt e.V.

Spielplatz der Kindertagesstätte an der TU Berlin.
Die Mosaikstufen sind Teil einer Spielplatzgestaltung. Die hierfür benötigten gerundeten Bruchstücke wurden eigens für dieses Projekt gefertigt.

Konzept und Ausführung:
Inge Knothe

Flüsterthron, Pestalozzischule, Bozen.
Mitten im Schulhof sitzt dieser Mosaikriese.
Die Arbeit entstand gemeinsam mit Schülern. Ein von der Rückenlehne zum Mund geführtes Rohr funktioniert als Flüstertüte.

Rainer Warzecha

Modell

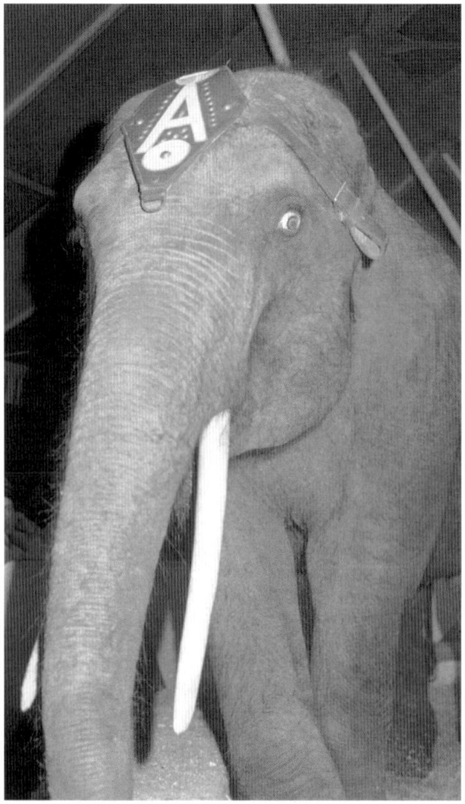

Modell vom Lebewesen. ☞ Schulhofgestaltung

Modell des Nandi nach einem Foto.

Ach, wie gut ist es doch, ein Modell zu sein!

Modell des Modells wegen. ☞ Rabe

Servalbank, Maison Q, Apt, Frankreich.

Mitmachaktionen

An »offenen« Mitmachaktionen nehmen Menschen aus verschiedenen Gründen teil. Die einen arbeiten gerne mit anderen, die anderen wollen eine bestimmte Technik lernen, und wieder andere haben Interesse an Kontakten und am sozialen Geschehen.

Am Stadtrand von Antwerpen steht die ☞Casa Mundo. Sie ist für alle da, die einen schönen Treffpunkt suchen.

Im Südpark von München steht die ☞Weltenlaube als Begegnungsstätte von Bewohnern des nahe gelegenen Asylantenheims und Einwohnern der Stadt.

Bei beiden Projekten haben Menschen vieler verschiedener Nationalitäten mitgearbeitet. Passanten, die über mehrere Tage hinweg den Bauprozess und die bei der Arbeit herrschende Atmosphäre beobachtet hatten, waren daran interessiert, ins Gespräch zu kommen. So manch ein Vorurteil ist dabei auf der Strecke geblieben.

Mosaikauffassung

»Eine psychologische Lehre, nach der sich das Seelische additiv erklären und erforschen lasse.« (»Der große Duden«, Mannheim 1966)
Viel Spaß!

Nelli Nilpferd

Sammlung Rose und Gerhard Mayer, Ulm.

Dorothea Kalb-Brenek

Nashorn

Ein Pflanzgerüst aus Edelstahl mit Mosaikhorn in Stuttgart-Rot.

Dorothea Kalb-Brenek,
Marcel Kalberer,
Norbert Madlener

Nandi

Heilige Kuh. Kulturoase Shiva, Bermatingen, Deutschland.

Zu bestimmten festlichen Anlässen werden in Indien Kühe mit pflanzlichen Pigmenten gelb gefärbt und mit Blumen geschmückt. Bei den Hindus ist Nandi eine Gottheit. Hier zu Lande ist in manchen Gegenden der Pfingstochse bekannt, der blumengeschmückt die Kühe auf die Gemeindewiesen hinausbegleitet.

Dorothea Kalb-Brenek

Naturstein

Naturstein kombiniert mit Mosaik.

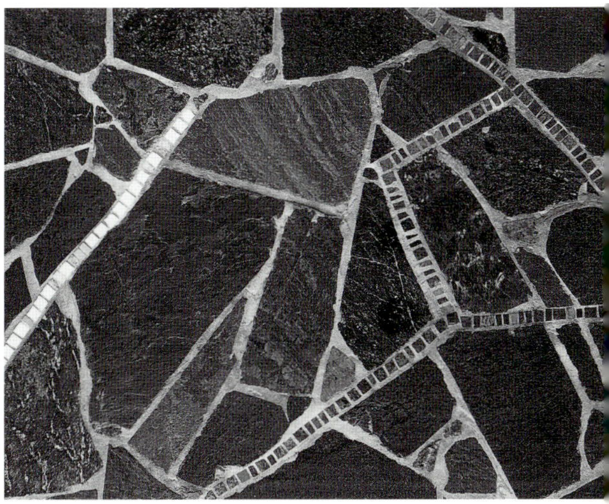

·hweg aus Kieselsteinen in Andalusien, Spanien.

Fassade eines Geschäftshauses in Stuttgart. Natursteinfassade mit Glasmosaik. ☞Haltbarkeit

Dorothea Kalb-Brenek, Marcel Kalberer, Frank Fellmann

Pusteblume, Kommunaler Kindergarten
in Neulusheim, Deutschland.
Die Sandkasteneinfassung mit Mosaikband ist Teil
einer Sandlandschaft mit Wasserlauf.

Bagage Pädagogische Ideenwerkstatt e.V.

Pflasterweg mit Schlangenfries.
Schwarzenberg-Schule, Waldkirch,
Deutschland.

Mosaikeinlegearbeit.

An der Neugestaltung der Außenanlage Obere Kirchgasse in Heidelberg waren auch die Kinder beteiligt.

Planung: Die Werkstatt gGmbH, Heidelberg
Ausführung: Bernhard Hoppe

Naga

Die Quellschlange Naga wird in Indien als Gottheit verehrt. Sie steht da, wo eine Quelle aus dem Boden tritt.
☞Rosenhofpark

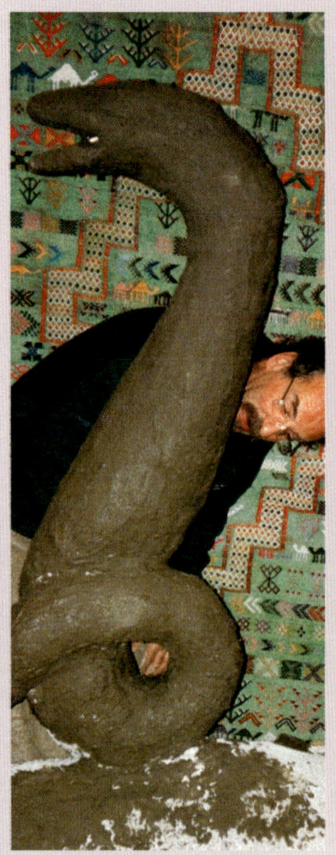

Dorothea Kalb-Brenek

Nachdenken

Sind alle Vorarbeiten geleistet und der Schaffensprozess voll im Gange, tut es gut, einen Schritt zurückzutreten und einen Blick auf die Arbeit zu werfen, die bisher getan wurde. Vielleicht entstehen durch das Tun selbst neue Impulse – und es wäre schade, diese nicht aufzunehmen.

Ofenbank

Warmes Plätzchen. Heggelbach, Deutschland.

Dorothea Kalb-Brenek

Oberfläche

Die Oberfläche ist wie eine Haut. Besonders in der Badewanne kommt die Mosaikhaut mit unserer Haut eng in Berührung. Daher ist es ratsam, mit viel Bedacht alle möglichen Spitzen und schneidenden Kanten ☞abzuschleifen. Die Oberfläche muss glatt sein, die einzelnen Mosaikstücke dürfen nicht höher oder tiefer liegen als die umgebenden.

Warnung: Bei Nässe und Schnee ist eine glatte Oberfläche nicht rutschfest!

Plastisches Arbeiten

Im Zusammenhang mit Kunstwerken bedeutet das Wort »Plastik« Körperlichkeit. Wir arbeiten plastisch, wenn wir Material hinzufügen, skulptural, wenn wir Material entfernen.

Polizeihunde

Ideenskizze für noch nicht realisierte Figuren an einem Eingang, der stark bewacht werden muss.

Dorothea Kalb-Brenek

Pegasus im Efeuhag

Kindertagesstätte Stuttgart Stammheim.
☞Trinkbrunnen, Metallarbeiten

Dorothea Kalb-Brenek

Rückblick

Mein persönlicher Rückblick auf eine Schaffensphase von rund fünfundzwanzig Jahren. Sollte ich siebzig werden und immer noch Freude an der Arbeit haben, dann stehe ich jetzt in einer imaginären Mitte. Von hier aus möchte ich dokumentieren und Werke, die bisher entstanden sind, aneinander reihen wie Perlen an einer Kette, möchte sie in ihrer Addition sehen und zeigen.

Rabe

Die Figuren Rabe, Becher und Schlange stammen aus einer zweitausend Jahre alten Legende:

Apollon schickte seinen Rabenboten mit einem Becher zur Erde nieder, um für ein Fest des Zeus aus einem lebenden Quell Wasser zu holen. Erschöpft kam der Rabe auf der Erde an und wollte sich an den Früchten eines Feigenbaums erquicken. Da sie noch nicht reif waren, wartete er unter dem Baum und vergaß dabei seinen Auftrag. Erst als die Feigen reif waren und der Rabe sich gesättigt hatte, erinnerte er sich mit Schrecken an seine Aufgabe. Da er sich verspätet hatte, packte er eine lange Schlange und brachte sie zu Apollon. Ihr gab er die Schuld für seine Verspätung, denn, so erzählte er, die Schlange habe die Quelle belagert und ihn nicht herangelassen. Apollon aber erkannte die Ausrede und bestrafte ihn. Fortan sollte den Raben an keiner Quelle ein Trunk laben, solange die Feigen unreif an den Bäumen hingen. Apollon versetzte zur ständigen Ermahnung die Bilder Rabe, Becher und Schlange an den Himmel, wo wir sie noch heute sehen können.

Dorothea Kalb-Brenek

Rosenhofpark

Schlössli Ins, Schweiz.

Wasserlauf zwischen Bielersee, Neuenburgersee und Murtensee. Im Ausstellungsgebiet der Expo 2002 befindet sich der Rosenhofpark vom Schlössli Ins. Der Internatspark wird zu diesem Anlass der Öffentlichkeit zugänglich gemacht und künstlerisch gestaltet. Die Elemente Feuer, Wasser, Luft und Erde werden künstlerisch dargestellt. Der Wasserlauf ist ein Teil der Gartengestaltung. Den Anfang bildet die Quellschlange ☞Naga; Wasser plätschert in Becken, läuft durch Rinnen zum Alhaga-Fisch, durch das Krokodil zum Staubecken mit Schildkröte, bis es im Maul des Wasserradfisches verschwindet, um nach dem Lauf durch eine Furt bei der Wegschnecke vorbei zu den Kaskaden zu gelangen. Dort verbindet es sich mit einem zweiten Wasserlauf, speist ein Gießwasserbecken für den Garten und fließt schließlich in die grüne Aare.

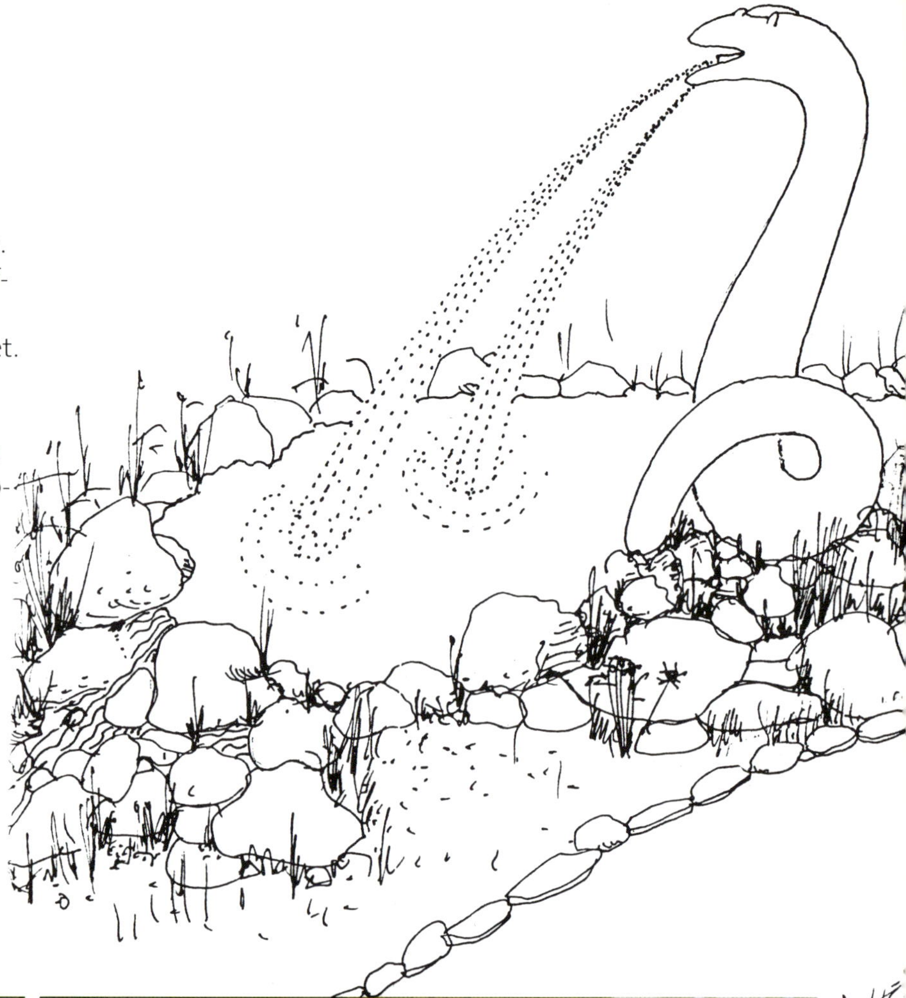

Projekt und Realisation: Dorothea Kalb-Brenek, Marcel Kalberer
Mitarbeit: Alhaga Seiler, Petr Dolista, Milan Dramonovsiky, Peter Gurtner, Tillika Rebetez, Gumok Yu, Lehrer und Schüler

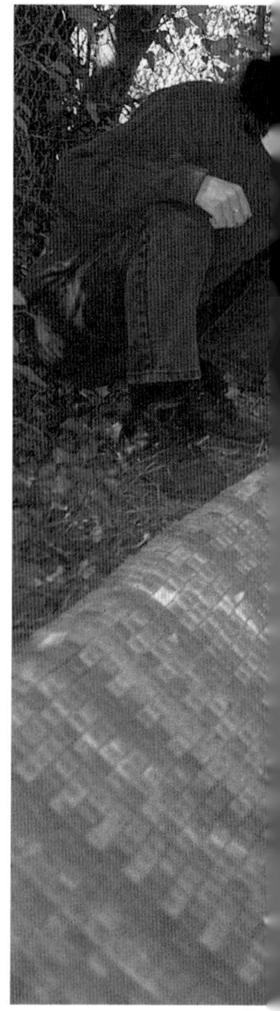

Rosenhofpark. Ins, Schweiz.

Rutschfest

Schnee und Nässe auf glatten Fliesen!

Skizzen

sind kleine Geschichten, sind flüchtig entworfene Zeichnungen, angedeutete Möglichkeiten.

Schrein

Hier finden ganz besondere Gegenstände ihren Platz.

SET

Mosaik als Spiel – S
Mosaik als Ereignis – E
Mosaik als Therapie – T
Mosaik – oder wie sich aus Stücken und Teilen ein Ganzes bilden lässt. Je nach Beweggrund verschiebt sich der Akzent, doch die anderen Bedeutungen schwingen mit. Wenn wir das Mosaizieren im spielerischen Sinn sehen, fließen das Mosaik als Ereignis und das Mosaik als Therapie mit ein und umgekehrt. Die Bereiche gehen ineinander über. Zeit für Gedanken, aus Stein gelegt, Geschichten des Lebens in Formen verwandelt, Gefühle und Erinnerungen in Farben, Lernen und Wechsel als Übergang, Linien über Längen, breite Bänder, bunte Bogen, weite Flächen – ausfüllend, verbindend, scharf gezogen, komponiert, arrangiert, korrigiert. Auge, Hand und Stein in enger Zusammenheit. Von weitem das Gesamte, aus der Nähe das Detail. Gelegt in Behutsamkeit, getragen von der Entschlossenheit, das Begonnene zu beenden.

Schulhofgestaltung

Falkenbrunnen

Es ist gar nicht so einfach, hier noch einen Arbeitsplatz zu bekommen ...

In unmittelbarer Nähe des Sonderpädagogischen Förderzentrums hatte sich in einem großen Baum ein Falkenpaar in einem Elsternnest eingenistet. Für die Schüler waren sie immer wieder ein Thema, sie wurden gezeichnet, gemalt und zuletzt im Falkenbrunnen dargestellt.

Falkenbrunnen, Schwabach, Deutschland
Der Falkenbrunnen wurde im Rahmen einer Lehrerfortbildung mit zwölf Lehrern und helfenden Kindern realisiert.
Leitung: Dorothea Kalb- Brenek

Tor zum Paradies

Durch einen Schülerwettbewerb wurden die Kinder angespornt, für den Eingangsbereich ihrer Schule Entwürfe zu machen. Aus den vorhandenen Vorschlägen wurden von uns diejenigen ausgesucht und zu einem Ganzen arrangiert, die realisierbar waren und den schulischen Anforderungen entsprachen.

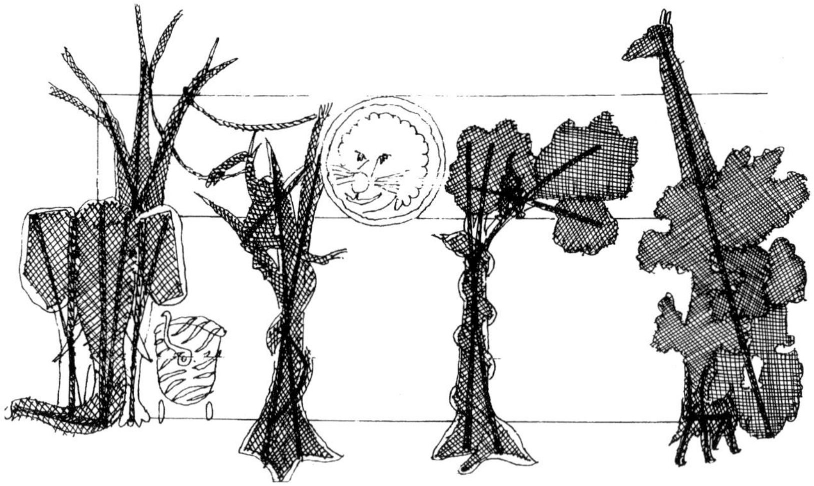

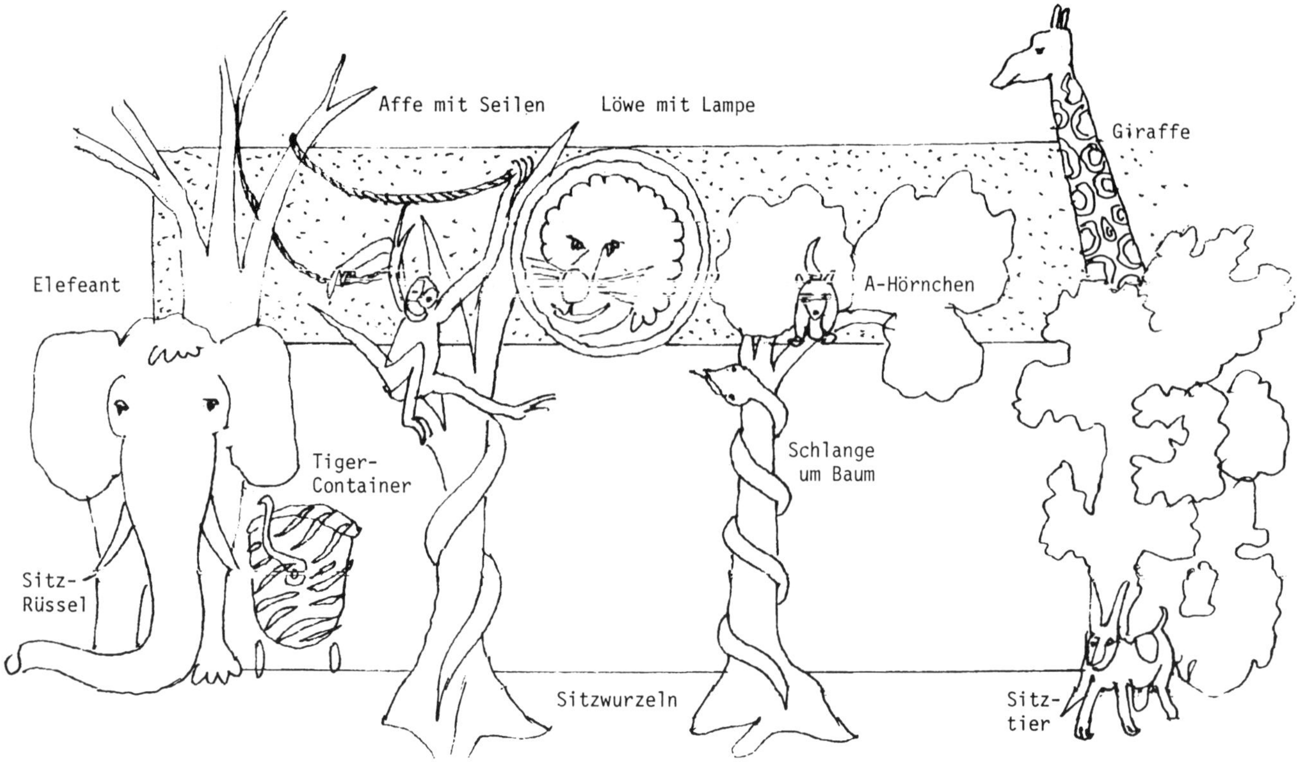

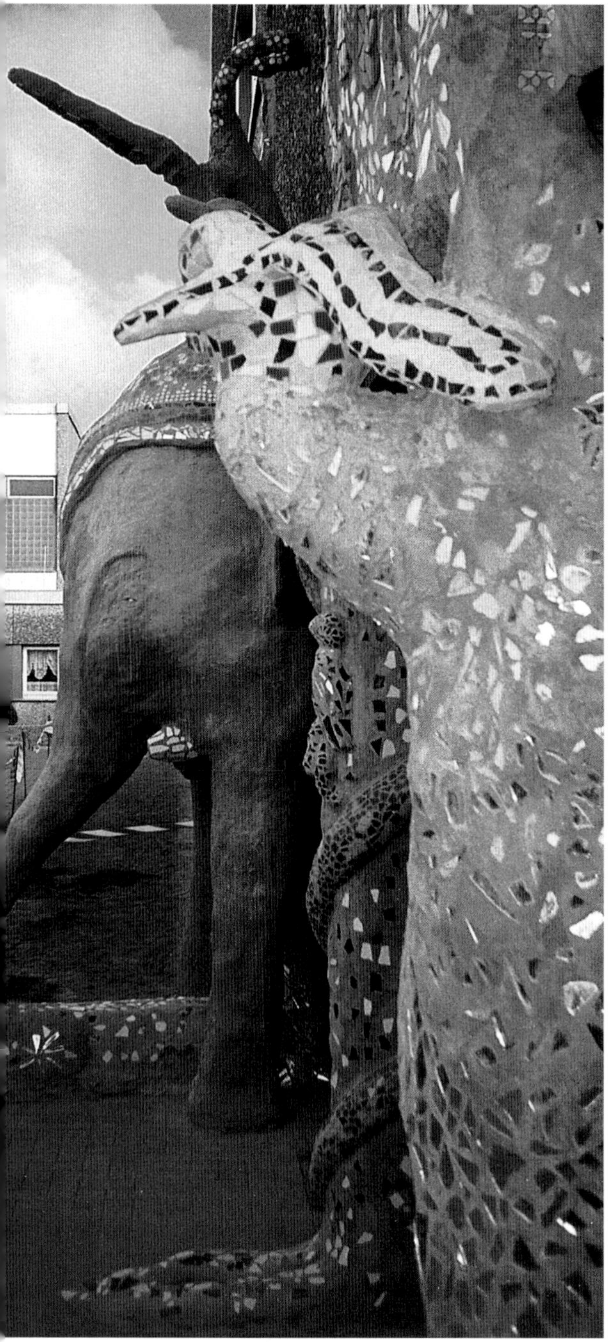

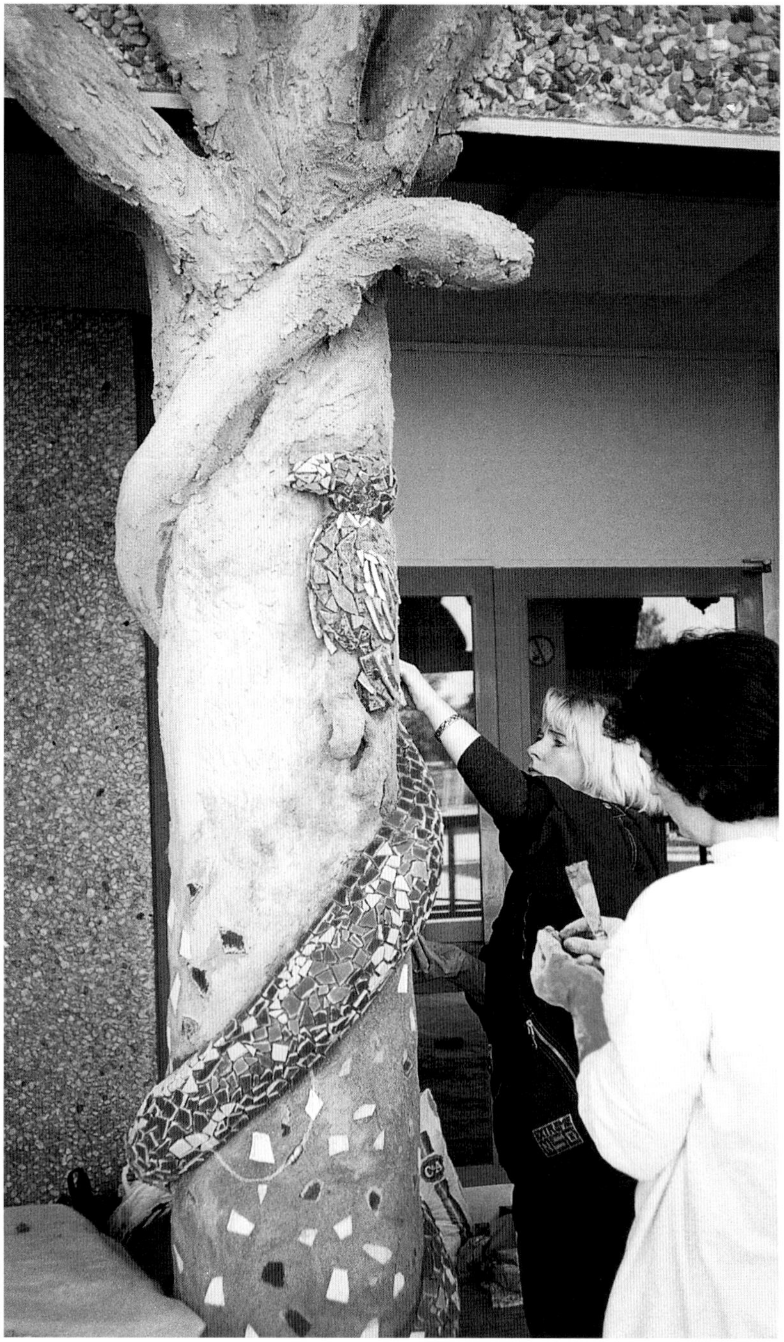

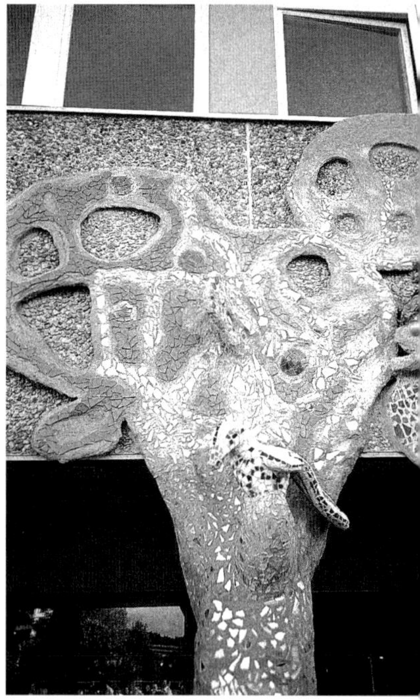

Lehrer, Freiwillige und Kinder halfen stundenweise, das Projekt zu verwirklichen.

Die vier Motive Elefant, Baum mit Affe und Schlange, Baum mit Vögeln und Eichhörnchen, Baum und Giraffe beinhalten die Ideen der Kinder.

Martin Lichtensteinschule Berlin-Neukölln
Leitung: Dorothea Kalb-Brenek, Marcel Kalberer

Stele

Oberstufenzentrum Gesundheit, Berlin Wedding.

Anne Ochmann gestaltete zusammen mit Schülern diese Stele. Die Elemente Feuer, Wasser, Luft und Erde wurden auf je einer Seite dargestellt.

Spielplatzgestaltung

Neugestaltung Spielplatz Hirschhorn, Deutschland.

Auch hier haben sich Jugendliche an der Ausführung des »Garten Eden« beteiligt. Der »Paradiesvogel« und der »Wurm im Staub« fassen einen Sandkasten ein. Modellierter Beton, Pflastersteine, Flusssteine und Mosaik im Detail. ☞Massiver Aufbau

Ausführung: Die Werkstatt gGmbH
Stein und Mosaik: Bernhard Hoppe

Unter Anleitung von Frau Blum entstand diese bespielbare Plastik.

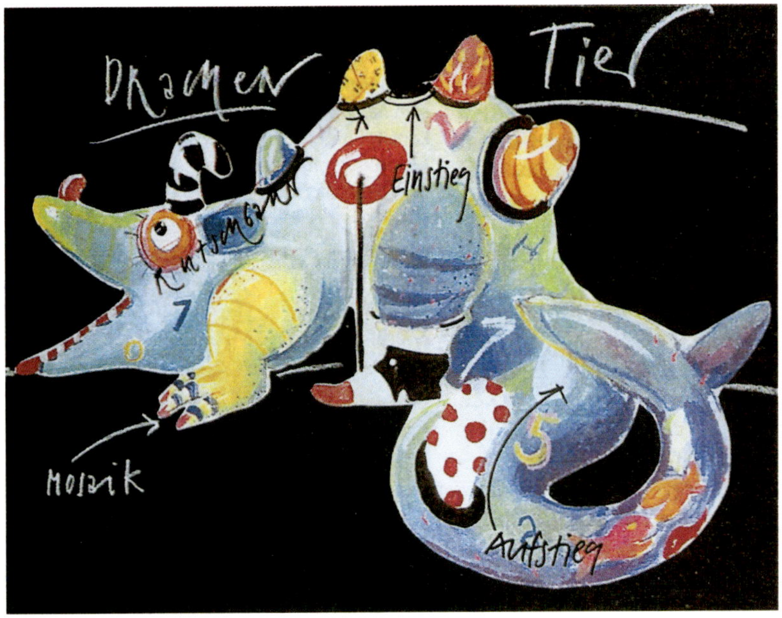

Schulhofdrache

Kinderfutter Drachenschwupper. Schulhof Hirschgarten, Zürich.

Dieser Drache aus Baustahl und Mörtel mit Mosaik und Bemalungen wurde nach einer Idee von Tanja Stephani gebaut.

Spiegelmosaik

Beim Zerschlagen von Spiegeln muss ganz besonders aufgepasst werden. Es entstehen winzige Splitter und gefährliche Spitzen. Am besten legt man Zeitungspapier auf das Spiegelstück und schlägt dann mit dem Hammer darauf.

Lotosbrunnen
Schwäbisch-Gmünd, Deutschland.

In zweiwöchiger Ideenentwicklung und sechswöchiger Bauzeit haben unter der Leitung des Baukünstlers Wolfgang Zaumseil zwölf Frauen der Justizvollzugsanstalt Gotteszell in kooperativer Projektarbeit den Lotosbrunnen realisiert. Die Arbeit an dem Objekt und die Lotosblume als Symbol der Reinheit und des Lichtes wurden zum Fluchtpunkt in der Leere der Gefängniszellen. Das Licht der Sonne wird von Tausenden von Spiegelstücken auf die Gefängnismauern zurückgeworfen.

Wolfgang Zaumseil
Mitarbeiter: Friederike Pawlik-Zaumseil, Peter Sturm

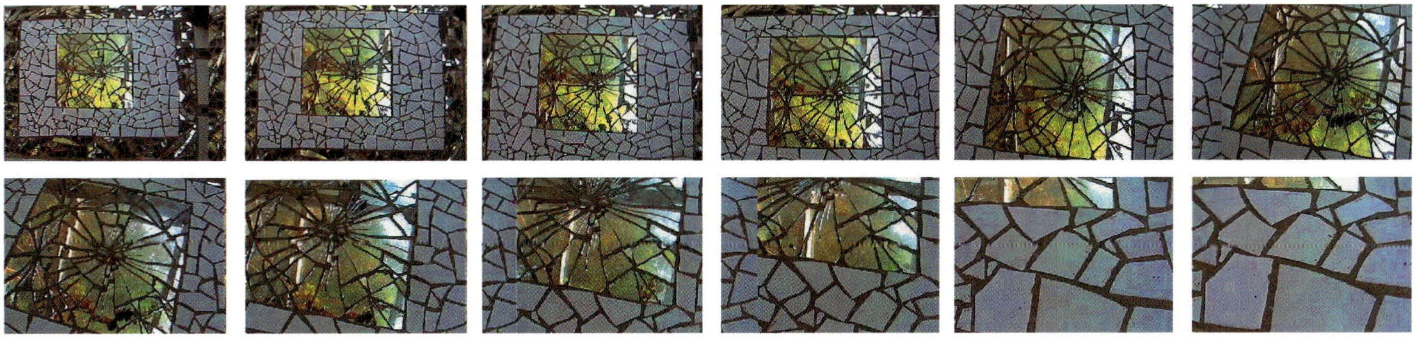

Ein Fußboden, in dem sich der Himmel spiegelt.

Annas Glashaus, Heggelbach, Deutschland

Rat der Sterne, Maison Q, Frankreich.

Aufgehender Stern im Gemeinschaftsraum. Hofgemeinschaft Heggelbach, Deutschland.

Dorothea Kalb-Brenek

Ein ganzer Raum voller Sterne, entstanden im Laufe der Jahre

Dorothea Kalb-Brenek

Les fontaines des tours de Carouge

Computeranimation
Die kühne Wasser- und Badeanlage der Sechzigerjahre begeistert durch ihre Großzügigkeit. Aus Rohbeton hergestellt, könnte sie für das neue Jahrtausend neuen Glanz erhalten. Wir schlagen eine Verschönerung durch blinkende, blitzende Segmente von Spiegelmosaiken unterhalb der Kaskaden vor.

Projekt: Sanfte Strukturen & Mama Jah 1999, Dorothea Kalb-Brenek, Marcel Kalberer, Philippe Rohner, Jacky Roland

Sternenmosaik

Das Sternenpuzzle ist ein von Stuttgarter Kindern gemeinsam hergestelltes Bild aus Mosaikplatten, die im Bereich des Stuttgarter Rathauses ein gelassen werden.

Kinder der verschiedenen in Stuttgart lebenden europäischen Nationalitäten werden eingeladen, in Gruppen in die Sternenwekstatt zu kommen, um unter Anleitung des Künstlers mitzubauen.

Aus Zementmörtel werden die Rohlinge von Sonne, Mond und Sternen gegossen und mit farbigen Glas- und Keramiksteinchen belegt. In der Art eines Puzzles zusammengesetzt, ergibt sich ein bunter Sternenhimmel.

Idee und Leitung: Wolfgang Zaumseil

Schneiden

Mit geraden Schnitten klein gemacht. Übung macht den Schneider. Fliesenschneider groß und klein.

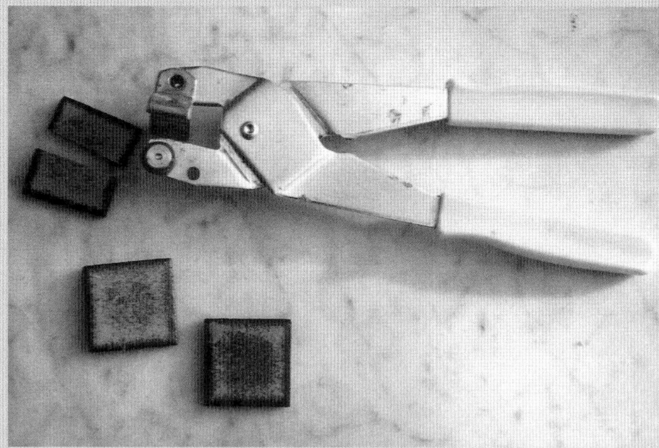

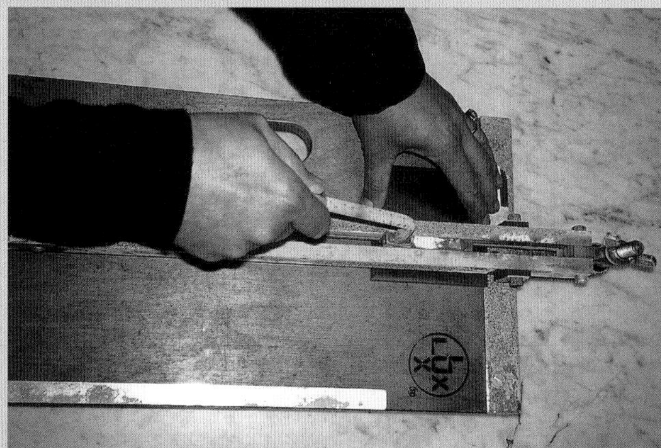

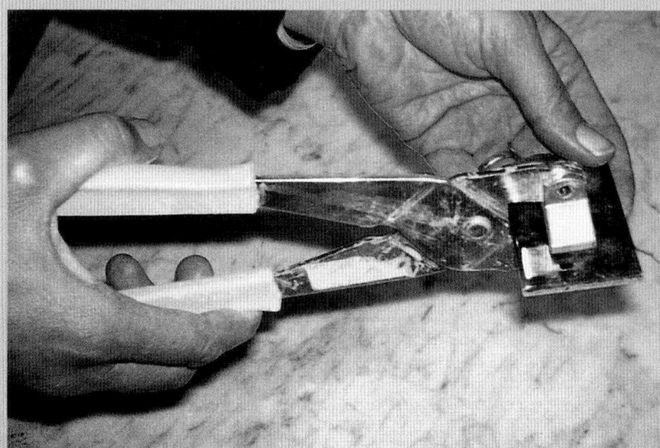

Spirillo

Stuttgart-Neugereut.

Ein künstlerisches Gemeinschaftswerk mit vielen Spiralen. Eine Mosaiklandschaft mit Brunnen, Säule aus Jura-Marmor und einem Metallbaum, auf dem bunte Tiere sitzen.

Entworfen und in einjähriger Bauzeit realisiert von der Gruppe Sanfte Strukturen: Dorothea Kalb-Brenek, Marcel Kalberer, Wolfgang Zaumseil
Säule: Jonas Braun

Die Spirale, eine gekrümmte Linie, die in ihren Umläufen die Unendlichkeit in sich trägt, indem sie um einen bestimmten, festen Punkt ihre Bewegung vollzieht, wie der Spiralnebel und das Schneckenhaus.

Das Wachsen des fünfzig Tonnen schweren Berges, von den Nachbarn aus der Umgebung mit Interesse verfolgt, wurde für alle zu einem gemeinsamen Erlebnis. Die Muster der Mosaike spiegeln die Geschichte eines Jahres wider.

Spirillo – Bühnenbild für ein weihnachtliches Singspiel.

Trinkbrunnen

Die Wasserspeier Georg und Elsa. Bewohnerzentrum, Konstanz.

Dorothea Kalb-Brenek

Den Kindern zur Freude, manchen Müttern zum Leid kann hier in der warmen Jahreszeit gespritzt, gestaut und gematscht werden.

Geflügelter Trinkbrunnen. Landesgartenschau Heilbronn, Deutschland.

Dorothea Kalb-Brenek

Trinkwasser

Wenn Trinkwasser nicht ständig fließen soll, baut man am besten einen Druckknopf ein, der nur eine bestimmte Wassermenge durchlässt.

Tischplatten

Für Tischplatten braucht man einen Rahmen. Entweder bleibt er als Umrandung am Tisch, oder er wird wie eine Backform entfernt und immer wieder neu verwendet. Wenn der Rahmen als Rand erhalten bleiben soll, werden Rahmen, Baustahl und Maschendraht miteinander verbunden. ☞Ferrozement

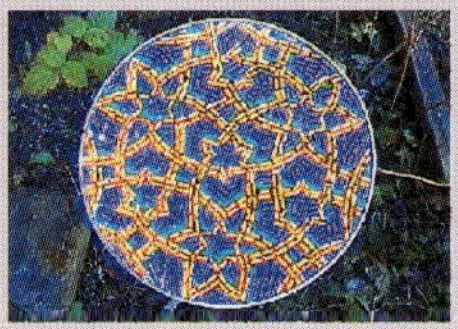

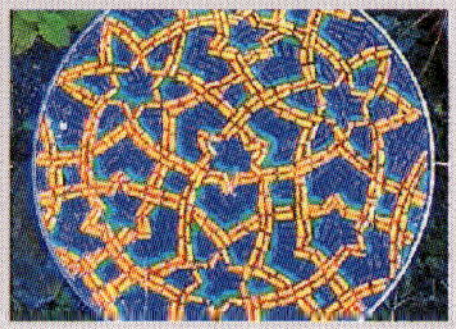

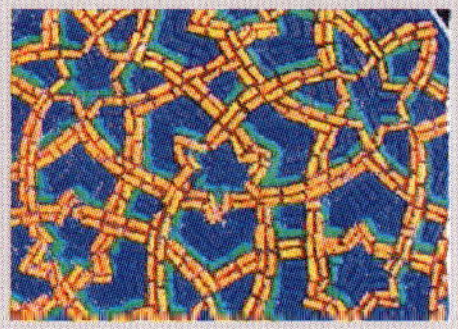

Teppiche

Fliesenteppiche lassen sich gut wie ein Patchwork aus Restposten machen.

Dorothea Kalb-Brenek

Tipps

Zementhaltige Produkte greifen die Haut an. Hände und Werkzeug immer gut waschen.
Essig entfernt den Zementschleier.
Um Zement geschmeidiger zu machen, wird ihm Kalk hinzugefügt ☞Kalkzement.
Eher kleinere Mengen anrühren. Eher kleinere Flächen mit Kleber bestreichen, um sie vor dem Austrocknen zu bewahren.

Umdrehtechnik

Eine Papierkopie in der gewünschten Grösse dient als Vorlage der Mosaikarbeit. Die klein geschnittenen oder gebrochenen Glasmosaikstücke werden, den Konturen der Kopie folgend, mit der Schauseite nach unten mit Tapetenkleister auf das Papier geklebt. Nach der Trocknung des Kleisters kann die Fläche, auf der das Mosaik dauerhaft bleiben soll, mit Fliesenkleber dünn bestrichen werden.
1 bis 2 cm dicke, mit verzinktem Drahtgeflecht armierte Platten aus Zementmörtel dienen als Mosaikträger. Das beklebte Papier wird dann vorsichtig aufgenommen und umgedreht. Mit Steinchen unten und Papier oben wird es in die Klebefläche gelegt und angedrückt. Wenn der Fliesenkleber getrocknet ist, kann das Papier abgezogen werden. Jetzt nur noch verfugen.

Für dieses Verfahren eignen sich alle zementgebundenen Oberflächen. Saugende Untergründe wie Holz oder Gipskarton sind mit Haftgrund oder verdünntem Acryllack zu grundieren. Auch Leichtbauplatten wie z. B. Styropor können verwendet werden. Hier wird die Oberfläche mit Glasfasergewebe, wie es der Gipser verwendet, in Fliesenkleber armiert.

☞Arche

Vogelbrunnen

Ein Wasserspender und Wannenfüller, Heggelbach, Deutschland.

Dorothea Kalb-Brenek

Weltenlaube

Eine Frau aus Vietnam stellt auf einer Betonplatte, die später als Sitz genützt wird, das Land dar, aus dem sie gekommen ist. Neben ihr arbeitet Selami aus dem Kosovo – wir überlegen gemeinsam, welche Umrisse sein Land nun hat. Menschen aus aller Welt tragen etwas zum Bau der »Weltenlaube« bei, einem Ort der Begegnung im Südpark von München. In der Mitte steht ein Tisch, auf dem in gemeinsamer Arbeit aus Mosaiken die Kontinente und die Meere, ein landkartenähnliches Bild unserer Erde dargestellt wird.

Wandbilder

Mosaikwand im Hof der Fabrik für Ökologie, Handwerk und Kultur, Freiburg.

Dieses Wandbild ist während einer Fortbildungsveranstaltung für Erzieherinnen entstanden.

Bagage Pädagogische Ideenwerkstatt e. V.

Ein besetztes Haus in Basel.

Wetterhahn

Die zweidimensionalen Figuren drehen sich auf einem Kugellager mit dem Wind. ☞Spirillo

Wasserschlange

Sammlung Rose und Gerhard Mayer, Ulm.

Diese Schlange zeigt schönes Wetter an, denn nur bei Sonnenschein spritzt sie Wasser, weil die Pumpe mit Sonnenenergie betrieben wird.

Dorothea Kalb-Brenek

X-beliebige Materalien

Feuerzeuge, in Regenbogenfarben gelegt.

Anna Kalberer

Zentrum Theater und Kunst

Heusteigstraße, Stuttgart. Blütenkelche, Fischebrunnen, Sonne, Mond und Sterne.

In einjähriger Arbeit gebaut als Fassadenschmuck.

Architekten: Wolfgang Everts und Wolfgang Zaumseil
Mitarbeit: Dorothea Kalb-Brenek

Zu Sehenswürdigkeiten reisen

Deutschland
Etliche der im Buch vorgestellten Beispiele sind eine Reise wert. Die Orte sind bei den jeweiligen Objekten angeführt.

England
Little Chapel, St. Andrew, Guernsey
Frère Deodat baute ab 1914 zwei Kapellen, die er innen und außen mit Kieselsteinen, Keramik- und Porzellanscherben ausgestaltete.

Frankreich
Kathedrale, Neuvy-Deux-Clochers
Im Alter von 30 Jahren begann Jean Linard 1961 mit dem Bau seiner »Kathedrale« in der Nähe von Bourges. Die Mosaike bestehen aus Bruchstücken selbst gebrannter Keramiken.

Le Cyclope, Milly-la-Forêt
Ein Gemeinschaftskunstwerk der Künstler und Künstlerinnen: Jean Tinguely, Niki de Saint Phalle, Eva Aeppli, Daniel Spoerri und Bernhard Luginbühl. Der Riesenkopf ist gänzlich mit geschnittenen Spiegelstücken belegt.

Picassiette, Chartres
Raymund Bidore gestaltete in seiner Freizeit ab 1937 auf einem Hügel in Sichtweite der Kathedrale ein Haus mit Innenhöfen. Zerbrochenes Geschirr war das Ausgangsmaterial für vielfältige Kirchen- und Blumenmotive, die er über Böden, Wände und Möbel ausdehnte.

Indien
Rock Garden, Chandigarh
Ein Gesamtkunstwerk aus Geröll und Müll. 1957 begann der Straßeninspektor Nek Chand im Alter von 22 Jahren mit dem Bau seiner ersten Mosaikfiguren. 30 Jahre später sind mit Hilfe von 400 Mitarbeitern 10 000 fantastische Figuren entstanden, die wohlgeordnet den 20 Hektar großen Rock Garden bilden: lebensgroße menschliche Figuren, Hunde und Affen in einer Landschaft von Höfen, Kammern und Schluchten.

Italien
Parco dei Tarocci, Garavicchio
Niki de Saint Phalle begann 1979 in der Toskana den Tarotgarten anzulegen mit monumentalen Skulpturen, die mit allen möglichen Glas- und Keramikstücken, geschnittenem Glas- und Spiegelmaterial verkleidet sind.

Ravenna und Rom
Aus Byzanz brachte der Ostgotenkönig Theoderich die Mosaikkunst nach Ravenna. Aus der Zeit des 5. und 6. Jahrhunderts sind in den Basiliken Sant' Apollinare in Classe, Santa Maria Maggiore, im Tempio San Vitale, im Mausoleum der Galla Placidia und in der Taufkapelle Neoniano die schönsten Werke zu sehen.

Links: Picassiette, Chartres

Rechts: Mosaikfigur aus Indien

Weinrebenpark, Dietikon

Römische Mosaike aus dem 5. Jahrhundert sind in der Basilika Santa Maria Maggiore und aus dem 4. Jahrhundert in der Chiesa Santa Constanza in Rom erhalten.

Rom und Venedig
Ein weiterer Höhepunkt der Mosaikkunst fand im 12. und 13. Jahrhundert statt, zu sehen in den Basiliken San Clemente und San Paolo sowie Santa Maria Maggiore. Die Mosaike in der Basilika San Marco in Venedig haben mich in der Kindheit stark beeindruckt und möglicherweise meine Berufsentscheidung geprägt.

Sizilien
Die römische Villa von Casale zwischen Antoniniano und Catania, Arigent, verfügt über den grössten Komplex von Bodenmosaiken aus dem 4.–5. Jahrhundert n. Chr.

Schweiz
Weinrebenpark, Dietikon
Seit 1963 arbeiten Bruno und Marianne Weber an einem Gesamtkunstwerk aus Palästen, Türmen, Toren, Säulen, bewohnbaren Fabelwesen, riesigen Vögeln, Drachenbrücken und Teichen, eingebettet in eine 6 Hektar große Gartenanlage. Viele dieser fantastischen Bauwerke und Gestalten sind mit Bruchstück- und Glasmosaik bereichert.

Rosenhofpark, Ins
Park mit bezauberndem altem Baumbestand, in dem verschiedene Kunstwerke Akzente setzen. Eine Stele aus Jurakalk von Marika und Marko Pogačnik markiert zwei von ihnen identifizierte Kraftlinien. Im Rosengang von Marcel Kalberer wandelt sich regenbogenfarbig ein Quadrat in ein Fünfeck und endet in einem Dodekaeder. Mosaikfigurenbecken und -rinnen leiten einen Wasserlauf von der Quellschlange Naga zu den Kaskadenbecken. ☞Rosenhofpark

Spanien
Park Güell, Barcelona
Von 1900 bis 1914 schuf der Architekt Antonio Gaudí diese fantastische Parkanlage mit Arkaden, Plätzen, Terrassen, geschwungenen Sitzreihen, Brunnen und Dachlandschaften. Das Werk bildet die Grundlage der modernen Mosaike aus Bruchstücken.

Türkei
In Gordium, nahe Ankara, sind die ältesten Mosaike aus dem 8. Jahrhundert v. Chr. erhalten. Es handelt sich um Darstellungen aus hellen und dunklen Kieselsteinen.

Großer Palast, Istanbul
Hier befinden sich Fußbodenmosaike aus farbigen Natursteinwürfelchen aus dem Jahr 500 n. Chr.

Adressen

Atelier im Wald 7
Dorothea Kalb-Brenek
Marcel Kalberer
D-88634 Heggelbach
Tel. 07557/1363, Fax 8868
E-mail: dorothea@sanftestrukturen.de

Bagage
Pädagogische Ideenwerkstatt e.V.
Habsburgerstr. 9
D-79104 Freiburg
Tel. 0761/555752, Fax 52129

Die Werkstatt
Spielplätze, Spielgeräte gGmbH
D-69013 Heidelberg
Tel. 06221/835383, Fax 835385
E-mail: Die Werkstatt@T-online.de

Schlössli Ins
CH-3232 Ins
Tel. 032/313 31 29, Fax 313 40 25

Rainer Warzecha
Interglotz Visionen
Oranienstr. 188
D-10999 Berlin
Tel. 030/6146373, Fax 6158489
E-mail: interglotz@p-soft.de

Wolfgang Zaumseil
Baukünstler
Freier Architekt Leibnitzstr. 53
D-70193 Stuttgart
Tel. 0711/650292, Fax 650293

Heike Bohring
Obergasse 93
D-99518 Auerstedt

Lulu und Roland Gräter
Le Quinquerlet
Quartier des puits
F-84400 Apt
Tel. 0490/746140

Inge Knothe
Dipl. Ing. Landschaftsarchitektin
Prinzregentenstr. 86
D-10717 Berlin
Tel. 030/8548081, Fax 8548082

Michael Kussl
Eisenbieger
Vorstadt 10
D-8634 Herdwangen
Tel. 07557/676, Fax 96896

Letto Meyle
Eisenplastiker
Wilgütlistr.14
CH-8610 Uster
Tel. 079/471 14 21

Anne Ochmann
Bildhauerin
Bizetstr. 102/Fabrik
D-13088 Berlin
Tel./Fax 030/96209189

Tanja Stéphani
Aktionskünstlerin
Hegibergstr. 19
CH-8409 Winterthur
Tel. 079/6001681

Info Spiel e.V.
Schellingstr. 19
D-80799 München
Tel. 089/285010, Fax 285090

Sfinks animatie
Jan Frans Willemsstraat 10
B-2530 Boechout
E-mail: pdegroote@sfinks.be

Grün macht Schule
Siegfriedstr. 208–210
D-10365 Berlin
Tel. 030/55775628, Fax 5597123

Sonderpädagogisches Förderzentrum
Ansbacher Str. 11
D-91126 Schwabach
Tel. 09122/83510, Fax 835131

Bildnachweis

Titelbild: Dorothea Kalb-Brenek, Marcel Kalberer
Marcel Kalberer Seite 6, 9, 10, 11, 16, 17, 21, 22, 23, 25, 26, 28, 29, 31, 35, 36, 37, 38, 40, 41, 42, 43, 44, 54, 56, 58, 59, 62, 63, 64, 65, 71, 72, 74, 75, 77, 80, 84, 85, 92, 96, 97, 98, 99, 100, 101, 104, 106, 110, 114
Dorothea Kalb-Brenek Seite 8, 12, 15, 17, 19, 20, 21, 32, 33, 39, 45, 54, 55, 57, 58, 62, 68, 69, 76, 78, 80, 81, 83, 84, 102, 108, 109, 112

Frederic Gunther Seite 18, 44, 57, 60, 61, 74, 78, 91, 92, 102, 103
Michael Kussl Seite 28, 34, 48, 49, 50, 51, 100
Wolfgang Zaumseil Seite 90, 94, 95, 113
Dieter Zinn Seite 28, 30, 70, 111
Die Werkstatt Seite 13, 67, 87
Udo Lange Seite 52, 66, 108
Rainer Warzecha Seite 46, 47, 53
Gudrun Bubliz Seite 14, 105
Roland Gräter Seite 45, 103
Tanja Stephani Seite 88, 89
Archiv Everts Seite 111
Martin Bichler Seite 41
F. Blum Seite 87
Peter Hohenauer Seite 107
Inge Knothe Seite 53
Ortrud Kuhl Seite 53
Bettina Longardt Seite 91
Anne Ochmann Seite 86
Jürgen Schablow Seite 27

Dorothea Kalb-Brenek
geboren 1953, studierte Malerei an der Staatlichen Akademie der Bildenden Künste in Stuttgart.
Sie arbeitet seit 1977 mit Marcel Kalberer in der Baukunstgruppe Sanfte Strukturen. Antonio Gaudís Park Güell in Barcelona und ein Auftrag zu einer grossen Platzgestaltung in Stuttgart haben sie auf die Mosaikkunst gebracht. Seit 20 Jahren verwirklichte sie mehrere Kunstwerke und Brunnen im öffentlichen Raum und führte mit Interessierten und Freiwilligen verschiedene Mosaik-Mitmachaktionen durch.

Marcel Kalberer, Micky Remann

Das Weidenbaubuch

Die Kunst, lebende Bauwerke zu gestalten

128 Seiten, durchgehend farbig und schwarzweiss illustriert

Aus Weidenruten entsteht auf einfachste Weise lebendige Architektur. Das Buch weckt mit einer Fülle von Beispielen – vom einfachen Weidentunnel im Kindergarten bis zum filigranen Weidenpalast für tausend Besucher – die Lust am natürlichen Bauen. Praktische Anleitungen und zahlreiche Bilder regen zu eigenem Tun an. Für Kindergarten und Schule, Familien und Selbstbauer, die ihre eigenen konstruktiven Fantasien zwischen Architektur und Gartenkunst umsetzen wollen.

Adrian Fisher, Howard Loxton
Geheimnis des Labyrinths
Ein interaktiver Führer zu den faszinierendsten Labyrinthen der Welt

96 Seiten, durchgehend farbig illustriert

Eine Entdeckungsreise in die Zauberwelt des Labyrinths, von seinen mythischen Ursprüngen im Altertum bis hin zu den erstaunlichen Innovationen von heute. Mit Hilfe eines Irrgartensimulators, Transparentfolie und Stift können Sie den Weg durch 50 der faszinierendsten Irrgärten der Welt nachempfinden. Ein Buch für die ganze Familie – zum Entdecken, Erleben, Spielen und Meditieren.

Heinz Knieriemen, Martin Krampfer
Kinderwerkstatt Naturfarben und Lehm
Spielen, werken und bauen mit natürlichen Materialien

108 Seiten, zahlreiche Farb- und Schwarzweissabbildungen

Das Buch bietet vielfältige Anregungen und eine Fülle von Ideen für lustvolle Erfahrungen mit Lehm und Ton, Naturfarben, Wachs, Kohle, Kreide und anderen natürlichen Materialien. Für die Arbeit mit Kindern vom Vorschulalter bis zu Jugendlichen.

Klaus Schillberg, Heinz Knieriemen
Naturbaustoff Lehm
Moderne Lehmbautechniken in der Praxis – Bauen und sanieren mit Naturmaterialien

196 Seiten, zahlreiche farbige und schwarzweisse Abbildungen

Lehm ist ein jahrtausendealter ökologisch und ökonomisch sinnvoller Naturbaustoff. An zahlreichen Beispielen werden moderne Lehmbautechniken für den Hausbau, für Altbau- und Fachwerksanierungen vorgestellt. Ergänzt werden sie durch Hinweise auf Verputze, Anstriche, Lehmmischungen und den Einsatz von Naturmaterialien. Mit umfangreicher technischer Dokumentation, Ausschreibungstexten, Detailzeichnungen und bauphysikalischen Daten. Ein umfassendes Praxisbuch für Selbstbauer, Handwerker und Architekten.

David Pearson
Das natürliche Haus
Gesund, harmonisch und ökologisch bauen, gestalten und wohnen

304 Seiten, durchgehend farbig illustriert

Dieses umfassende Grundlagenbuch zu allen Bereichen des natürlichen und ökologischen Bauens und Wohnens zeigt praktisch und anschaulich, wie wir selbst unser unmittelbares Wohnumfeld natürlicher gestalten können: von der Platzierung und Ausrichtung eines Baus über die verschiedenen ökologisch sinnvollen und energiesparenden Systeme bis zur Wahl der Materialien. Für Hauskäufer und -besitzer, Heimwerker, Architekten und Innenarchitekten.

Gerd Ziesemann, Martin Krampfer, Heinz Knieriemen
Natürliche Farben
Anstriche und Verputze selber herstellen

144 Seiten, zahlreiche farbige und schwarzweisse Abbildungen

Die heute gebräuchlichen Anstriche und Verputze schaden oft der Gesundheit und der Umwelt. Das Buch bietet eine reiche Sammlung alterprobter und neubewährter Rezepte für natürliche Alternativen: von Sperrgrund aus Kuhmist über die traditionelle Bierlasur und verschiedene Kaseinfarben bis zu Sumpfkalk- oder Silikatfarbenanstrichen. Es erklärt Herstellung und Anwendung und zeigt anhand vieler Beispiele das bauphysikalische Zusammenspiel. Mit zahlreichen Tabellen und ausführlicher Rohstoffliste.

Klaus Schillberg
Altbausanierung mit Naturbaustoffen

264 Seiten, zahlreiche farbige und schwarzweisse Abbildungen, Illustrationen und Tabellen

Angesichts der schädlichen Auswirkungen von Wohngiften und Elektrosmog und zunehmender Bauschäden gewinnen natürliche Baustoffe und Bautechniken wieder an Bedeutung. Dieses Praxisbuch für Fachleute und Selbstbauer behandelt anhand konkreter Beispiele alle Fragen der Altbausanierung mit baubiologischen Mitteln. Mit umfangreichem Produkte- und Herstellerverzeichnis, Ausschreibungstexten, Anwendungsbeispielen, Rezepturen und Detailkonstruktionsbeispielen.

AT Verlag
Bahnhofstrasse 39–43
CH-5001 Aarau
Telefon 062/836 62 46
Fax 062/836 66 67
E-mail: at-verlag@azag.ch
Internet: www.at-verlag.ch